幼 儿 园

中华编工坊课程

⊙主编 靳 洁

中国海洋大學出版社
CHINA OCEAN UNIVERSITY PRESS

图书在版编目（CIP）数据

幼儿园中华编工坊课程 / 靳洁主编 . -- 青岛：中
国海洋大学出版社，2025. 5. -- ISBN 978-7-5670-4235-
3

Ⅰ. G613. 6

中国国家版本馆 CIP 数据核字第 20258TJ240 号

幼儿园中华编工坊课程

YOU'ERYUAN ZHONGHUA BIANGONGFANG KECHENG

出版发行	中国海洋大学出版社			
社　　址	青岛市香港东路 23 号		邮政编码	266071
出 版 人	刘文菁			
网　　址	http://pub.ouc.edu.cn			
订购电话	0532－82032573（传真）			
责任编辑	赵孟欣		电　　话	0532－85901092
印　　制	青岛名扬数码印刷有限责任公司			
版　　次	2025 年 5 月第 1 版			
印　　次	2025 年 5 月第 1 次印刷			
成品尺寸	185 mm ×260 mm			
印　　张	11			
字　　数	249 千			
印　　数	1—1 000			
定　　价	99. 00 元			

发现印装质量问题，请致电13792806519，由印刷厂负责调换。

编 委 会

在中华民族伟大复兴的征程中,文化自信成为凝聚民族精神、推动社会发展的强大动力。学前教育作为基础教育的重要组成部分,肩负着传承和弘扬中华优秀传统文化的历史使命,对于培养幼儿的民族自豪感、文化认同感和创造力具有不可替代的作用。《幼儿园中华染工坊课程》《幼儿园中华编工坊课程》《幼儿园中华纸工坊课程》正是在这样的时代背景下编写的具有创新性和实践价值的力作,为有效开展传统文化教育提供了宝贵的经验和范例。

《幼儿园中华染工坊课程》《幼儿园中华编工坊课程》《幼儿园中华纸工坊课程》遵循幼儿的年龄特点和身心发展规律,按照《幼儿园教育指导纲要(试行)》的要求,契合《3～6岁儿童学习与发展指南》所强调的幼儿学习应以直接经验为基础,在游戏和日常生活中进行的教育理念,巧妙地将文化传承与学前教育有机融合,为幼儿开启了一扇感受中华传统文化独特魅力的大门。除预设课程外,三本书还创新性地融入了活动生成、游戏案例、生活活动以及园家社活动等,进一步丰富了课程内涵。活动生成鼓励教师根据幼儿在工坊实践过程中的兴趣点和突发奇想,及时调整并生成新的教学计划,充分满足幼儿的好奇心和探索欲望,让课程更具灵活性和开放性。游戏案例体现了幼儿在工坊活动中的自主探索和创造过程,以及教师对幼儿的观察和指导。生活活动将工坊课程融入幼儿的日常生活,帮助幼儿在真实的生活情境中学习、成长,提升生活自理能力和社会交往能力。园家社活动呈现了幼儿园、家庭、社区三方合力开展中华工坊课程的局面,促进幼儿的全面发展。

《幼儿园中华染工坊课程》以"染"文化为核心,通过丰富多彩的"染"活动,让幼儿自由地探索色彩的变化,尝试不同的染色方法和图案设计,了解和感受传统"染"技艺的独特魅力和文化内涵,如扎染、蜡染等经典工艺的制作方法和图案寓意,引导幼儿运用现代元素和个性化的创意,对传统"染"图案和形式进行改造和创新,创作出具有时代特色和个人风格的"染"

作品。

《幼儿园中华编工坊课程》以中国传统"编织"文化为核心，通过"编织"这一独特的艺术形式，为幼儿创造了一个充满趣味的探索体验环境。注重传承中华"编"文化的精髓，让幼儿了解和学习传统"编"技艺的独特魅力，如中国结编织、竹编等经典工艺的制作方法和图案寓意，使传统文化在幼儿心中生根发芽。通过体验传统编织，增强对传统文化的热爱之情。

《幼儿园中华纸工坊课程》以"纸"文化为核心，巧妙地将文化传承与学前教育有机融合。以"纸"这一独特的艺术形式为载体，鼓励幼儿探索纸的多种用途，尝试不同的折叠、剪裁和拼贴方法，将内心的想法和情感通过"纸"作品表达出来，从而提升艺术素养。

综上所述，青岛幼儿师范学校附属幼儿园的《幼儿园中华染工坊课程》《幼儿园中华编工坊课程》《幼儿园中华纸工坊课程》以独特的教育视角、丰富的文化内涵和创新的课程设计，为学前教育领域中的传统文化教育树立了新的标杆。它不仅为幼儿提供了一个接触和传承中华优秀传统文化的机会，而且助力了幼儿的全面发展。相信该书的推广，将对我国学前教育事业的发展产生积极而深远的影响，为培养德智体美劳全面发展的社会主义建设者和接班人做出重要贡献。期望更多的幼儿园能够借鉴和学习这一成功经验，积极探索适合幼儿的传统文化教育模式，让中华优秀传统文化在幼儿教育中绽放更加绚烂的光彩。

山东师范大学教育学部学前教育学院院长

杜传坤

2024.12

幼儿园作为幼儿启蒙教育的重要场所,承载着传承与弘扬中华优秀传统文化的重要职责。中华传统文化,以其悠久的历史和深邃的内涵,为幼儿教育提供了丰富的资源和宝贵的精神财富,为幼儿教育注入了深厚的文化底蕴。幼儿园中华编工坊课程正是在这样的教育理念与文化使命的指导下编写的一门特色课程,也是我园在传统文化启蒙教育领域二十余载的研究成果。该课程以中国传统"编织"艺术为核心,将文化传承与学前教育紧密结合,旨在通过一系列富有创意和教育意义的编织活动,使幼儿在亲身体验中领略中华传统文化的独特魅力,培养幼儿的民族自豪感和文化自信心,促进幼儿的全面发展。

一、顺应儿童发展,激发多元潜能

本书旨在探索符合幼儿身心发展规律的教育方式,通过中华传统编织艺术激发幼儿多元潜能。本书设计基于《3～6岁儿童学习与发展指南》精神,强调幼儿通过游戏和日常生活中的直接经验学习。幼儿在编工坊中通过动手操作,如选材、编织、打结等,探索不同编织材料的特性,进行编织图案设计和编织作品创作,感受麻线的粗糙质感、毛线的柔软触感、竹条的坚韧以及藤条的独特纹理,将内心的想法和情感通过编织作品展现出来,获得审美体验和艺术素养的提升,培养解决问题的能力和创新思维,为未来成长奠定基础。

二、培养文化自信,塑造民族精神

中华"编"文化源远流长,蕴含着丰富的文化内涵和精神价值。从古老的编织技艺,如竹编、草编,到精美的手工织物,每一种技艺都有着独特的历史背景和文化寓意。通过参与编工坊课程,幼儿能够了解这些传统技艺背后的故事和文化渊源,感受中华民族传统文化的博大精深。在编工坊里,幼儿将亲身体验古老的编织技艺,从选材、设计到编织成型,这些看似简单的编织技艺,实则蕴含着深厚的文化底蕴和历史积淀,每一个环节都充满了挑战与乐趣。通过欣赏感知、体验创作编织作品，幼儿能够深入了解中华民族传统文化的精髓，从而逐渐建立对民族文化的认同感和自豪感。

三、课程构架创新，助力全面发展

预设课程与实践活动相结合。本课程分为预设活动和实践活动两大部分，均紧密围绕编工坊展开。预设活动为教师提供了系统的课程选择支架，涵盖了编织文化的历史渊源、基本原理、材料工具介绍等基础知识，以及不同年龄段幼儿适合的编织活动方案。这些预设内容确保教师在教学过程中有明确的目标和方向，能够有针对性地引导幼儿感知编织文化的魅力，激发他们的创造力和表现力。实践活动案例则体现了立足儿童视角的课程创生，教师基于幼儿的兴趣点，在编工坊内开展了创意编织作品制作、编织创意市集等活动，为幼儿提供了丰富多样的实践体验，促进了他们的全面发展。

四、体验式教育，助力全面发展

本书采用体验式教育模式，让幼儿在亲身参与中学习和成长。这种教育方式不仅能够激发幼儿的探究兴趣和积极性，还能培养他们的问题解决能力、合作交流能力和自主学习能力。在编工坊中，幼儿需要与同伴合作完成编织作品，他们会学会分工协作、互相帮助，共同克服遇到的困难和挑战。同时，他们还可以在展示和分享自己作品的过程中，锻炼语言表达能力和自信心，增进彼此之间的情感交流和友谊。通过这样的全面发展，幼儿将更好地适应未来社会的需求，成为具有创新精神、实践能力和社会责任感的新时代人才。

期望借助《幼儿园中华编工坊课程》，于幼儿心灵深处悄然播撒中华传统文化的种子，使其在充满趣味与创意的编织体验中茁壮成长。本书不仅为幼儿搭建了接触和传承优秀传统文化的桥梁，更是助力其全面发展的重要途径。总而言之，《幼儿园中华编工坊课程》以其独特的教育方式和丰富的文化内涵，完美地契合了幼儿教育的目标与期望。它让幼儿在快乐中学习，在实践中成长，在传承中创新，为培养德智体美劳全面发展的社会主义建设者和接班人提供了有力支撑，让中华优秀传统文化在新一代的心中熠熠生辉，照亮中华民族伟大复兴的前行之路。

靳洁

2024.12

目录

《走进编织世界—幼儿园中华编工坊课程》整体设计

一、主题活动价值

编织作为古老的手工艺,承载了我国古代社会的历史与文化,记载着劳动人民的精神风貌和美好寄托,以物质的形式展现了中华民族浓厚的文化底蕴,是优秀传统文化中不可或缺的重要组成部分。从结绳记事到精美的编织工艺,从日常生活中的竹编、草编到走出国门的中国结,编织来源于生活,又创造了生活的美。随着优秀传统文化进校园活动的深入开展,编织在幼儿园课程中出现。

《幼儿园教育指导纲要》中指出:"要引导幼儿实际感受祖国文化的丰富与优秀,激发幼儿爱家乡、爱祖国的情感。"在园本课程中融入编织文化,不仅能让幼儿感知中华优秀传统文化的魅力,萌发对编织的喜爱之情和对本土文化的认同感,而且能在学习编织的过程中促进思维的发展及脑眼手的协调配合,促进观察力、想象力、创造力及审美能力的发展,获得劳动的成就感。

本章挖掘中国优秀传统文化教育资源,以编织为主题,遵循幼儿身心发展规律,由简入深,分别在小、中、大班开展"好玩的绳""趣享花篮编织""巧手编织"三个主题。从易掌握的线绳开始,到丰富多样的花篮编织,再到向非遗传承人学习多种多样的编织,让幼儿从平面编织到立体编织,再感受编织的多样性,层层递进,探索编织工艺的艺术特色和人们与物质义化生活的密切关系,激发幼儿对编织艺术的喜爱之情和对生活的美好向往。

二、主题活动目标

1. 情感与态度目标:愿意参加编织活动,喜欢欣赏编织艺术作品,对编织活动感兴趣;为自己是中国人感到骄傲,对编织艺人产生憧憬之情,愿做非遗传承人。

2. 知识与能力目标:了解编织的相关知识,探索编织物体和材料,感知物体的形态结构特征,能简单使用编织工具,尝试多种编织技法。

3. 技能目标:能在活动中大胆尝试、积极探索,能按照自己的想法进行编织活动和游戏,选择自己喜欢的材料和方法,创造性地进行编织活动,表现自己观察或想象的事物,表达自己的感受和想象。

4. 转化与发展目标:感受编织文化元素和特点,具有创新性和艺术性,能将编织技艺与现代生活相融合,创作出独具特色的文创作品。

三、主题预设网络图

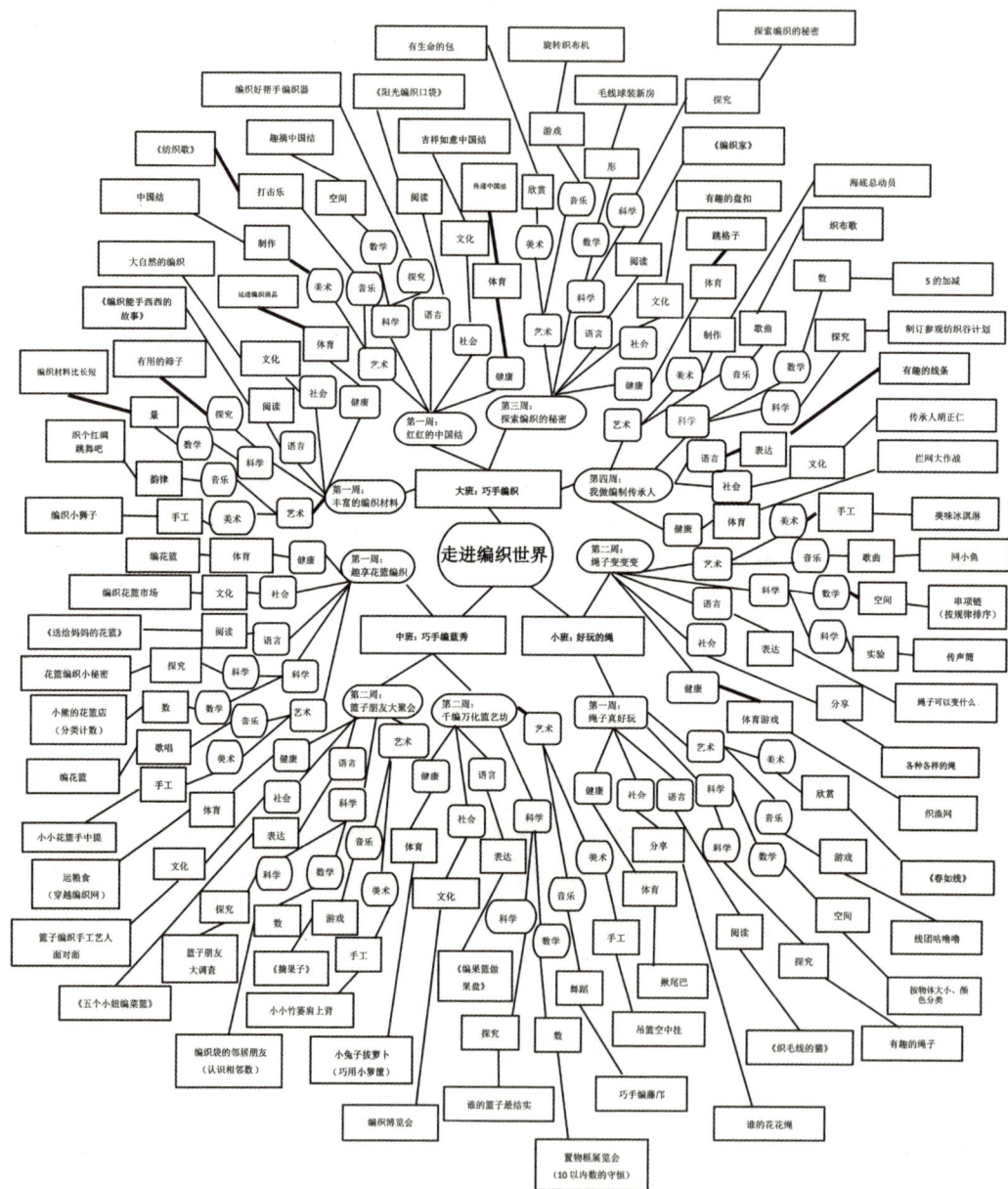

图 1-1 主题预设网络图

大班主题教育活动设计
"巧手编织"

第二章

主题活动价值

编织艺术作为中华优秀传统文化的重要组成部分,可谓千变万化！传统的编织拥有广泛的实用价值,席子、坐垫、提篮、摇椅等,古代劳动人民凭借智慧创造出的生活用品提高了生活的质量和便捷度;草编蚂蚱、草编戒指等是爸爸妈妈们童年的回忆;编织、包缠、钉串、盘结等不同的编织技法,形成了各种各样的编织花纹和造型;编织材料取自玉米皮、竹子、柳条等基本的原料,又可与丝绸、皮革等共同编织增加美感……

大班幼儿经过中、小班的熏陶,对编织有了初步的概念和印象,他们能发现身边的编织材料及作品,喜欢根据自己的方法动手尝试编织,《3～6岁儿童学习与发展指南》中指出:"应向幼儿介绍反映中国人聪明才智的发明和创造,激发幼儿的民族自豪感。"主题"巧手编织"由此而来,让幼儿在丰富多彩、形式多样的编织活动中,体验编织活动的乐趣,感受传统文化的魅力。

升入大班,我们继续追随幼儿的兴趣,以"探索编织的秘密""大自然的礼物""红红的中国结""我做非遗传承人"为线索,甄选适合幼儿学习和操作的编织材料和工具,挖掘草编、竹编、藤编、中国结等丰富有趣的内容,鼓励幼儿大胆尝试、积极探索,深入对编织的认识和了解,创造性地进行编织活动,传承和发扬民族传统文化,激发幼儿民族自豪感和自信心。

主题活动目标

1. 情感与态度目标:喜欢参与编织活动,感受生活中处处都有编织,欣赏编织作品的纹样美、造型美。萌发对编织艺人的尊敬和感恩之情,学会珍惜他们的劳动成果。

2. 知识与能力目标:了解编织的不同种类、材料、纹样的特点,尝试多种编织技法。学习收集、交流、展示编织的相关信息,大胆与同伴交流自己对编织的看法。

3. 技能目标：能积极参与编织活动，能用自己喜欢的材料或不同的表现手法表达对编织的感受和想象。

4. 转化与发展目标：感受不同作品带给自己的独特体验，有自己的创意，大胆创新，创作个性化的文创作品。

主题活动预设

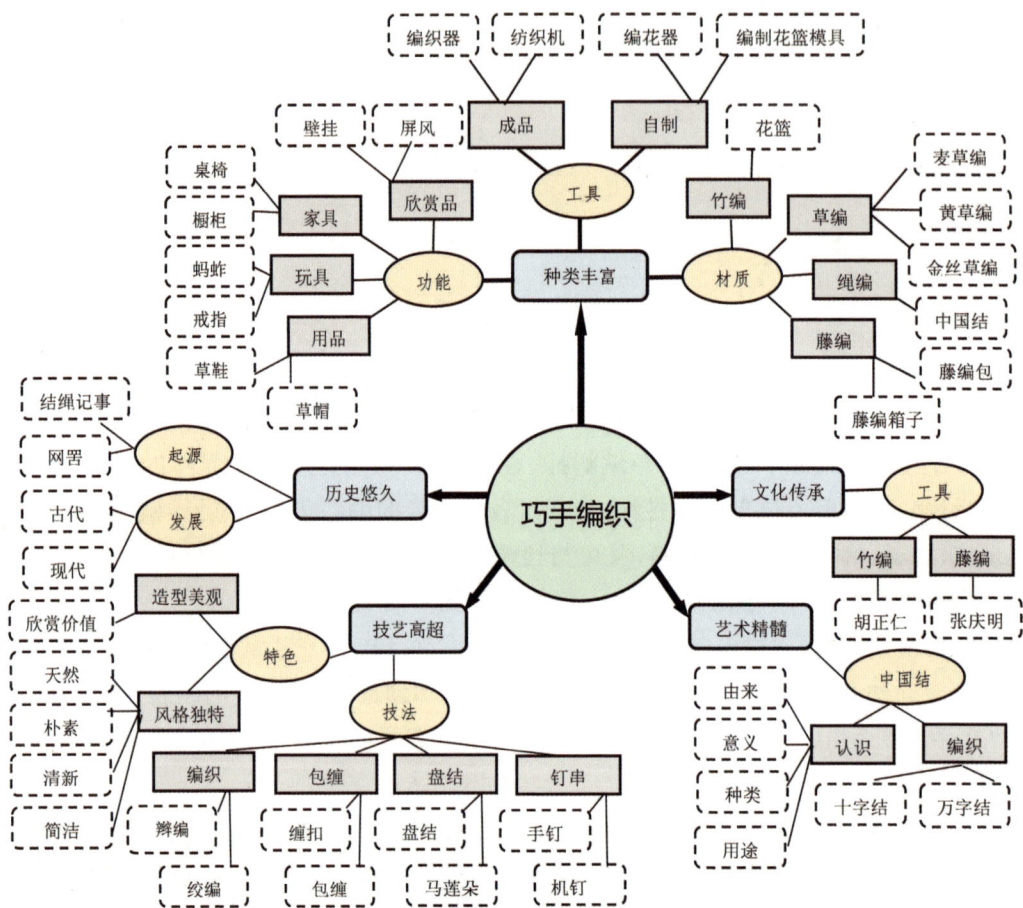

图 2-1　主题活动预设图

主题活动范围

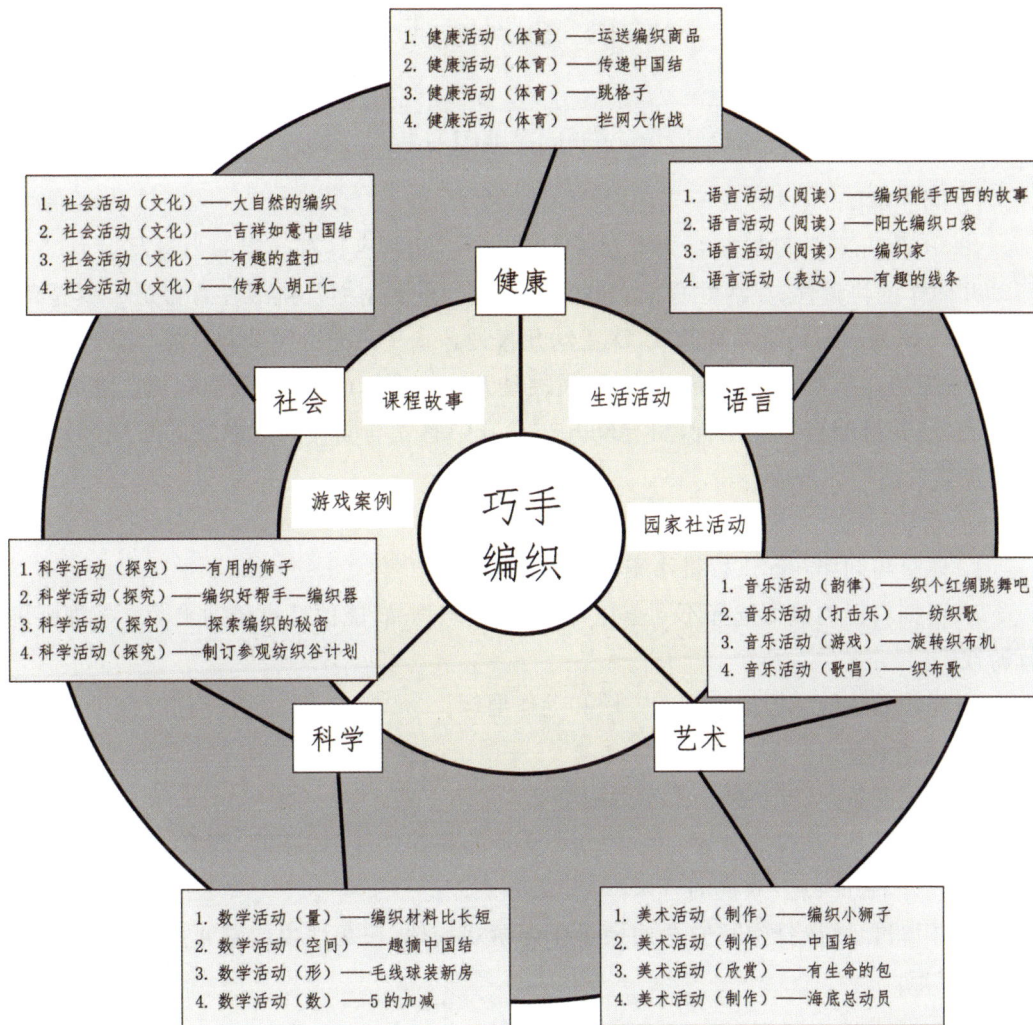

1. 健康活动（体育）——运送编织商品
2. 健康活动（体育）——传递中国结
3. 健康活动（体育）——跳格子
4. 健康活动（体育）——拦网大作战

1. 社会活动（文化）——大自然的编织
2. 社会活动（文化）——吉祥如意中国结
3. 社会活动（文化）——有趣的盘扣
4. 社会活动（文化）——传承人胡正仁

1. 语言活动（阅读）——编织能手西西的故事
2. 语言活动（阅读）——阳光编织口袋
3. 语言活动（阅读）——编织家
4. 语言活动（表达）——有趣的线条

健康

社会　　课程故事　　生活活动　　语言

游戏案例

巧手
编织

园家社活动

1. 科学活动（探究）——有用的筛子
2. 科学活动（探究）——编织好帮手—编织器
3. 科学活动（探究）——探索编织的秘密
4. 科学活动（探究）——制订参观纺织谷计划

1. 音乐活动（韵律）——织个红绸跳舞吧
2. 音乐活动（打击乐）——纺织歌
3. 音乐活动（游戏）——旋转织布机
4. 音乐活动（歌唱）——织布歌

科学

艺术

1. 数学活动（量）——编织材料比长短
2. 数学活动（空间）——趣摘中国结
3. 数学活动（形）——毛线球装新房
4. 数学活动（数）——5的加减

1. 美术活动（制作）——编织小狮子
2. 美术活动（制作）——中国结
3. 美术活动（欣赏）——有生命的包
4. 美术活动（制作）——海底总动员

图 2-2　主题活动范围图

主题活动设计

第一周　丰富的编织材料

活动一　健康（体育活动）——运送编织商品

◇ 活动意图

《3～6岁儿童学习与发展指南》中明确提出："幼儿应具有一定的力量及耐力。"大班幼儿动作的协调性、灵活性有很大的发展，但力量和耐力及挑战性有待进一步提高。"推小车"作为一项传统体育游戏，深受幼儿喜爱。本次活动组织幼儿开展"推小车"的游戏，锻炼幼儿胳膊、腿和脚部的力量，发展幼儿掌握平衡的能力，鼓励幼儿自主选择编织物品，培养挑战自我的精神，引导幼儿在竞赛中感受与同伴共同游戏的乐趣，激发幼儿参加体育活动的兴趣。

◇ 活动目标

1. 体验与同伴一起进行推小车游戏的乐趣。

2. 根据自己的能力选择不同重量、大小的编织物品，能保持小车的平衡，按规则进行游戏。

3. 能较熟练地掌握推小车的方法和动作要领。

◇ 活动准备

1. 知识准备：玩过小推车及接力跑游戏。

2. 物质准备：小推车4辆；不同大小、重量的编织物品，如花篮、簸箕、草编玩具等；数字卡片；小椅子4把；欢快的音乐。

3. 环境准备：选择空旷安全的操场作为游戏场地；在场地内放置4把小椅子，标志起点和终点。

◇ 活动建议

1. 随欢快的音乐做准备活动，进行动作练习。

带领幼儿随音乐做走、跑、活动手腕、活动脚腕等动作，进行热身活动。

2. 鼓励幼儿探索、学习，掌握推小车的动作要领。

动作要领：手握一根小竹子，推着小车向前行，慢慢走，慢慢推，小车稳稳向前进。

（1）请幼儿分小组练习，在推的过程中重点探索手握住小车的什么位置才能推动小车，并且保持平衡、直线前行。

（2）针对幼儿出现的问题及时进行指导，鼓励幼儿在反复尝试中解决问题。

3. 在掌握好重心和平衡的前提下，组织幼儿进行"小推车运货物"竞赛游戏。

（1）规则玩法：幼儿分4队，起点处准备，教师发令开始，从排头起选择货物放在车上推到终点放下后跑回，下一名幼儿击掌后出发，运送数量多的组获胜。

（2）请幼儿根据自主选择编织物品,点数物品的数量,找出相应的数字卡片插到小车上,将小车推到终点,卸下货物,将小车推回到起点,游戏完成。

4.伴随音乐,带领幼儿拍拍胳膊、敲敲腿,两人一组相互拉手进行放松活动。

▶ **活动延伸**

户外活动时,为幼儿提供游戏材料,幼儿可自由选择材料和同伴开展游戏。

活动二　语言（阅读）——编织能手西西的故事

▶ **活动意图**

红色代表吉祥、喜庆、热烈,对于中国人来说,有着深刻的意义,红色是中国人的文化图腾和精神皈依。《西西的杂货店》从童话的视角,为幼儿讲述了新年以及中国红的意义。故事讲述了蜘蛛西西会吐丝,还擅长编织,他开了杂货铺,吐丝编织的红色的长筒袜、帽子、围巾和红色的中国结等大家都非常喜欢。本活动引导幼儿发现生活中的文化,将习俗牢记,将文化传承。

▶ **活动目标**

1.感受过年欢乐的氛围和小蜘蛛西西的勤劳。

2.理解绘本故事内容,知道红色所代表的寓意。

3.能大胆猜想西西要编织的物品,并积极发言。

▶ **活动准备**

1.知识准备:有过年和爸爸妈妈一起忙年的经验。

2.物质准备:绘本故事,课件。

3.环境准备:环境中加入红色元素的传统装饰,如中国结、红色窗花等。

▶ **活动建议**

1.出示"小蜘蛛西西"的图片,激发幼儿参与兴趣。

提问:谁是动物界的编织小能手?毛线、绳子可以编织出什么物品呢?

2.讲述绘本故事,理解故事内容。

（1）逐页讲故事。

① 讲述第2～6页,提问:西西编织出的东西是什么颜色的?你看了有什么感觉?白色的物品能给大家带来快乐吗?什么颜色更合适?

② 讲述第7～19页,提问:西西现在织出的东西是什么颜色的?大家觉得怎么样?它用红色的丝织出了什么物品?

③ 讲述第20～23页,提问:西西织出了哪些中国结?什么颜色的?什么纹样?有什么寓意呢?

（2）完整讲绘本并提问:红色带给你什么样的感受?为什么中国人喜欢红色?

小结:在中国历史上,红色是最早的流行色,意味着平安、喜庆、团圆。中国红绵延着浩瀚的历史内涵,中国红无处不在。

3. 引导讨论,猜测西西编织的其他物品。

提问:你喜欢西西吗?为什么?你觉得西西还能编织出什么红色的东西,有什么寓意呢?

▶ 活动延伸

鼓励家长利用双休日带幼儿到商店、超市等寻找各种各样的中国结,丰富幼儿的认知。

活动三 社会(文化)——大自然的编织

▶ 活动意图

基于对《幼儿园教育指导纲要》中"引导幼儿接触周围环境和生活中美好的人、事、物"的认识,在设计本次活动时,我们选择的是大自然中的编织材料,如草、玉米皮、竹叶等,这一教育素材在我们的生活中随处可见,是幼儿最熟悉却又非常容易忽视的,在活动设计上,我们从寻找身边的编织物品开始,发现身边大自然的编织材料,走出幼儿园寻找编织材料,认识了不起的大自然。

▶ 活动目标

1. 乐于参与外出活动,体验与同伴一起寻找编织材料的快乐。

2. 明白大自然中许多东西都可以做编织的材料,了解他们的用途。

3. 能与同伴一起制订外出计划,能合作完成寻找、制作任务。

▶ 活动准备

1. 知识准备:提前了解生活中有哪些编织物品和编织材料,能讲述自己的调查发现。

2. 物质准备:课件,调查表,纸,笔,塑料袋。

3. 环境准备:提前了解幼儿园附近有大自然中编织材料的位置,考虑其安全性,做好外出前计划。

▶ 活动建议

1. 交流调查表,说说自己对编织物品和材料的了解。

提问:你发现了生活中有哪些编织物品?它们是用什么材料做成的?引导幼儿根据调查表讲述自己的发现。

2. 出示课件,了解大自然中的编织材料。

(1)大自然中的编织材料:草、竹子、动物毛、藤、柳等。

(2)欣赏用自然中编织材料制作成的手工艺品,感受大自然赠予我们的礼物。如草编玩具、竹编筐子、动物毛衣服、藤编包、柳编装饰品等。

3. 外出寻找自然中的编织材料,相互交流自己的发现。

(1)小组合作制订外出计划,用符号表征的方式将外出要寻找的材料、小组合作的方式及需要注意的安全问题记录下来。

(2)外出寻找编织材料,相互交流自己的材料的特点以及可以制作成的作品。

（3）回到幼儿园将材料分类后,以小组的形式制作出手工作品,交流制作的材料及制作方法。

活动延伸

创设"编织物品"超市,将收集的编织物品放置在编织超市中,幼儿可参观,也可根据自己的想法开展游戏活动。

附调查表

表2-1　"大自然的编织"调查表

大自然的编织

班级：　　　　　幼儿姓名：

生活中，我发现的编织物品：	它是用哪些编织材料制作成的？

活动四　科学（探究）——有用的筛子

活动意图

筛子在生活中常指一种用竹篾、铁丝等编织的生活用具,有漏孔,主要作用是使小颗粒物体通过小孔掉出去,留下大颗粒物体。"筛分现象"在幼儿的生活中随处可见,生活中的筛分用具有茶叶包、夏天的软帐、家庭中的地漏以及捕鱼的渔网等。本次教学活动,力求让幼儿在认识、操作筛子的基础上,发现"筛分原理",引发幼儿对自己生活中的"筛分现象"进行观察、思考,激发幼儿的科学探索兴趣,使其逐步意识到科学就在我们的身边。

活动目标

1. 发现有趣的物理现象，具有参与科学探索活动的兴趣。

2. 探索筛孔的大小与被分离物之间的关系,学习用不同的筛子分离物品。

3. 能分离大小不同的物体的混合物。

活动准备

1. 知识准备：知道筛子在生活中常指一种用竹篾、铁丝等编织的生活用具,有漏孔,主要作用是使小颗粒物体通过小孔掉出去,留下大颗粒物体。

2. 物质准备：大米和红豆混合物、蚕豆和红豆混合物、大米和玉米混合物,筷子、勺子、不同的筛子、盛分离物的塑料盘子等若干。

3. 环境准备：布置农产品区域环境。

活动建议

1. 出示红豆和大米的混合物,引导幼儿自由探索。

提问:有什么办法能把两样混在一起的东西分开?

2. 幼儿操作,使用筷子、筛子、勺子等工具分开混合物。

说一说:"是用什么方法分的?豆和大米都分开了吗?筛子为什么能把东西分开?"请用筛子的幼儿进行示范,其他幼儿尝试。

小结:筛子上有许多筛孔,比孔小的东西会漏下去,比孔大的东西会留在筛子里,这样就把两样东西分开了。

3. 播放视频,发现筛孔与被分离物大小的关系。

出示大米和红豆混合物、大米和玉米粒混合物、蚕豆和红豆混合物各1盆,筛孔大小不一的筛子3个,教师分别使用不同的筛子来分离混合物,通过比较得出结论:要根据分离物的大小选择合适的筛子。播放视频"生活中的筛分现象",发散幼儿的思维,使其了解筛子的作用。

活动延伸

将各种各样的筛子放在科学区,幼儿可以自由探索筛子分离物品的方法,与同伴一起游戏。

活动五 数学(量)——编织材料比长短

活动意图

大班幼儿逻辑思维能力正在发展,学习自主性增强,更希望通过自己的实践证实学到的知识。《3～6岁儿童学习与发展指南》中强调:"应注重引导幼儿通过直接感知、亲身体验和实际操作进行科学学习。"本次活动通过游戏情境,指导幼儿在看一看、说一说、试一试、摆一摆中理解长度的守恒,初步感知物体位置、形状发生变化数量不变的现象,引导幼儿自主、快乐地建立对长度守恒的感性认识并形成初步的概念。

活动目标

1. 对测量活动感兴趣,体验动手操作的乐趣。

2. 知道长度相同的物体,位置、形状变化长度不变,初步感知长度守恒。

3. 能在猜测、比较、测量中尝试运用多种方法验证答案并准确判断。

活动准备

1. 知识准备:会通过对比的方式比较长短。

2. 物质准备:等长的环形编织针2根,等长的小棍每人8根(用橡皮筋扎成两捆),麻绳每人1根。

3. 环境准备:幼儿围桌分组坐,中间摆放学习材料。

活动建议

1. 教师扮演"魔术师",在演示、操作中帮助幼儿不受位置、形状影响正确感知长度守恒。

（1）出示两根一样长的环形编织针，一根横放，一根斜放，请幼儿比较长短。

小结：长度相同的两根环形编织针，摆放位置不同，它们的长度还是相同的。

（2）两根一样长的环形编织针，一根拉直，一根变成螺旋状，请幼儿尝试比较长短。

小结：两根一样长的环形编织针，无论位置、形状怎样变化，它们的长度是不变的。

2. 采用闯关的形式，进一步引导幼儿根据物体的数量正确感知长度的守恒

将两捆小棍摆成上下两排，再摆出不同图形，引导幼儿操作并发现：我们可以通过小棍的数量来判断长度。两排一样长的小棍，无论摆成什么图形，它们的长度是不变的。

3. 组织幼儿以小组为单位玩游戏"麻绳接龙"，巩固对长度守恒的认知。

游戏规则：幼儿每人一根麻绳，分组合作游戏，将手中的麻绳首尾相接，看看能变成什么。提问：每一组"麻绳接龙"后变出了什么？这些用麻绳变出的不同的图案长度一样吗？引导幼儿数一数每组用了几根麻绳。

小结：虽然每个小组用麻绳拼出的图案看起来长度不一样，但是每组用了数量相等、长度相等的麻绳，由此可知这些图形的边长是一样的。

▶ **活动延伸**

发现生活中各种长短不一的物品，通过两两比较的方式，对比不同物品的长短。

活动六　音乐（韵律）——织个红绸跳舞吧

▶ **活动意图**

大班幼儿能够分辨不同的音乐节奏，能够同时用舞蹈动作、语言、表情等方式表达对音乐的感受。红绸子是中国民间舞蹈的常用道具，也是编织的产物，能够很好地诠释人们在欢乐、重大的场合中的喜悦心情，主要以秧歌十字步、后踢小跑步等舞步表现喜庆的氛围。幼儿在学习"十字步"时可能会有一定的困难，活动将使用"十字步"跳舞毯帮助幼儿掌握十字步的动作要领，在音乐情境中鼓励幼儿自主创编红绸动作。

▶ **活动目标**

1. 感受乐曲所表达的欢快的情绪，感受民间舞蹈所营造的热闹、喜庆的氛围。

2. 初步掌握秧歌十字步、后踢小跑步的动作要领。

3. 能大胆运用红绸表现欢快的心情。

▶ **活动准备**

1. 知识准备：了解《红绸舞》的背景和起源。

2. 物质准备：幼儿每人2根红绸，学习秧歌十字步的跳舞毯，提前在幼儿左脚腕上系上彩绳。

3. 环境准备：创设庆丰收的环境，准备粮食等丰富活动室。

▶ **活动建议**

1. 播放乐曲，激发幼儿参与活动的兴趣。

提问幼儿听了这首曲子的感受并进行小结：这是一首具有民族特色的乐曲，喜庆、热闹的旋律表现了人们欢度国庆的场面。

2. 教师创设"庆丰收"情境。幼儿掌握"十字步"和"后踢小跑步"的动作,能够随音乐进行表演。

（1）教师播放音乐,引导幼儿自主创编红绸舞的动作。

（2）出示跳舞毯,让幼儿自主探索秧歌十字步的走法。重点指导幼儿先迈左脚,右脚依次踩在相应的数字上,注意双脚的顺序。

（3）自由创编甩红绸的动作。教师重点指导幼儿用"后踢小跑步"表现庆丰收时的喜悦情绪。

（4）幼儿尝试自己或与同伴合作表现庆丰收的场景。

3. 幼儿完整表演舞蹈,能够表现出音乐所传达的欢快的情绪。

（1）幼儿随音乐有节奏地、完整地表演舞蹈。

（2）幼儿尝试与同伴两人一起表演红绸舞。

（3）欣赏教师独舞,引导幼儿进一步感受红绸舞的魅力,激发幼儿对舞蹈的喜爱。

▶ 活动延伸

表演区提供音乐、图谱等,鼓励幼儿自信表现舞蹈红绸舞。

附简谱

红绸舞

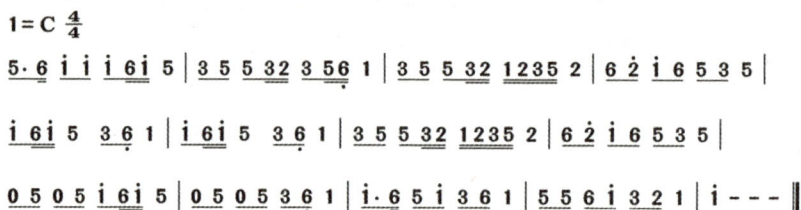

图 2-3 《红绸舞》乐谱

活动七 美术（制作）——编织小狮子

▶ 活动意图

有了小班、中班的编织经验后,大班幼儿对编织的兴趣更加浓厚,也不仅仅局限于对绳子、线等特定的编织材料进行编织活动,生活中的低结构材料、自然材料也都成为幼儿感兴趣的内容,陈鹤琴指出:"大自然、大社会都是活教材。"广大农民和手工艺人利用玉米皮,编织成帽子、花篮、拖鞋、提包等,作品朴素雅致。本次活动用玉米皮编织小狮子,让幼儿在操作中感受和体验民间艺术的丰富多彩和独特魅力。

▶ 活动目标

1. 体验编织的乐趣,欣赏各种手工艺品,感受民间艺术的美。

2. 学会"编辫子"的三股绳编织方法,制作玉米皮小狮子。

3. 能与同伴合作制作,能大胆运用材料编织。

▶ 活动准备

1. 知识准备:幼儿已经能熟练进行绳编、纸编。

2. 物质准备:玉米皮若干、剪刀、纸篓等,狮子头部轮廓图人手一张。

3. 环境准备:布置一个手工艺品展览区。

▶ 活动建议

1. 参观玉米皮制作的各种手工艺品,引起幼儿动手的兴趣。

以幼儿坐的蒲团、坐凳为例,引出玉米皮,并让幼儿回忆玉米皮还可以做什么。(编辫子、粘贴画、编鞋子、编书包、蒸馒头时放在馒头下面使其不粘锅等。)

2. 幼儿练习编织的技能,萌发玩玉米皮的兴趣。

第一步:泡皮。把玉米皮浸泡在水中,直至玉米皮泡软。第二步:分股。把一块大的玉米皮均匀分成三股。第三步:编辫。将最左侧的一股引入右边的两股之间,再将最右侧的一股引入左边两股之间,如此循环。第四步:续皮。当玉米皮粗细不均时,就要给较细的一股续玉米皮。续皮时,一定要光滑面向上,用新皮将原来的一股全包住,然后继续上面的步骤。第五步:打结。用其中一股玉米皮缠住其余两股,打一下单结,以防辫子松散。

3. 出示用玉米皮制作的小狮子,幼儿动手制作。

提问:小狮子是怎么做的?玉米皮做成了小狮子的什么部分?编织小狮子头发的时候遇到困难怎么办?还需要什么材料?

引导幼儿相互合作制作玉米皮小狮子,教师巡回指导,幼儿做完后,请幼儿交流分享自己的制作过程,同伴相互评价。

▶ 活动延伸

在日常生活中,引导幼儿帮助他人,可以在起床后鼓励幼儿给同伴编辫子。

附图片

图 2-4　"小狮子"编织制作品　　　图 2-5　三股绳编法

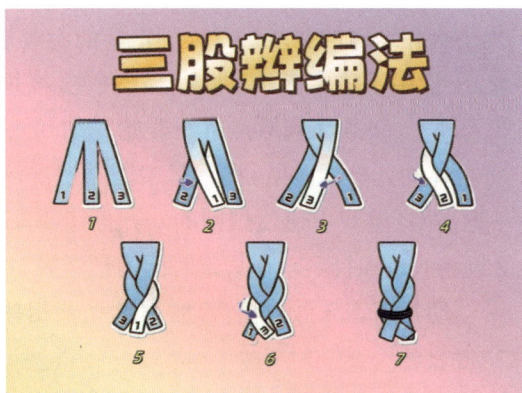

第二周 红红的中国结

活动一 健康（体育活动）——传递中国结

活动意图

《3～6岁儿童学习与发展指南》中指出："应利用多种活动发展幼儿身体的平衡能力和协调能力。"本次活动创设"传递中国结"的游戏情境，引导幼儿自主探索用身体各个部位运中国结，锻炼身体协调性；鼓励幼儿探索两人合作运送，掌握侧身走的动作要领，培养合作运动的协调性。游戏情节具有一定的挑战性，适合大班幼儿的年龄特点；游戏充满趣味性，能调动幼儿参与体育活动的兴趣，满足幼儿活动的需要。

活动目标

1. 体验合作、竞争的快乐。
2. 练习侧身走的动作，锻炼身体的协调性。
3. 尝试用身体各部位夹球侧行，探索最快、最稳的运送方法。

活动准备

1. 知识准备：有传递物品和接力游戏的经验。
2. 物质准备：中国结若干，器械筐4个，伴奏音乐。
3. 环境准备：空旷的场地，按照活动安排器械位置。

活动建议

1. 创设游戏情境，带领幼儿进行热身，激发幼儿活动兴趣。

创设"遇到石头—下雨—踢脚里的沙子"的情境，引导幼儿伴随音乐做体转、弯腰、踢腿的动作进行热身，激发幼儿参与游戏的兴趣。

2. 出示中国结，启发幼儿商讨游戏规则、探索游戏玩法。

提问：我们应该怎么运中国结？怎样才能运得又快又多？

小结：不能用手拿中国结，要用身体其他部位夹住，按规定路线运中国结，身体要始终保持侧行。引导幼儿将球夹在腋下、夹在双腿间、夹在双脚间、夹在颈下。

3. 提出合作运球的要求，讨论、制定新的游戏规则，增加挑战性、增强幼儿间的合作。

要求：不能用手碰中国结，两人合作夹住，按规定路线运球，身体要保持侧行。如果中国结掉到地上，必须回到原点重新开始。幼儿两人一组，自由探索合作运中国结。

4. 将全体幼儿分成两队，进行运中国结比赛，体验竞争、合作的乐趣。

第1遍游戏：游戏中违反规则的幼儿停运1次。（加强幼儿的规则意识。）

第2遍游戏：计时比赛，在规定时间内运送数量多的队获胜。（提高幼儿的运球速度。）

5. 带领幼儿随音乐做放松活动，请幼儿互相捶捶腿，充分放松腿部肌肉。

活动延伸

户外活动时提供各种各样的中国结，引导幼儿使用中国结创造性地开展户外体育活动。

活动二　语言（阅读）——《阳光编织口袋》

活动意图

《阳光编织口袋》讲述了一个盲婆婆借助"编织口袋",用自己的方式帮助了一个又一个需要帮助的人和小动物的故事,体现了盲婆婆虽然眼睛看不见,但乐于助人、关爱弱小的美好品质,以阳光寄托情感,故事感人至深,发人深思。本次活动通过启发提问等方式引导幼儿熟悉故事情节,丰富词汇,通过复述人物对话、分角色扮演等方式加深对故事的理解,通过续编故事充分发挥想象力,同情、关爱、帮助需要帮助的人。

活动目标

1. 感受故事中的温暖,体会盲婆婆乐于助人、萌发关爱弱小的美好品质。

2. 喜欢聆听故事,熟悉故事情节和主要对话,理解"康复""恋恋不舍"等词语。

3. 能复述人物对话,能续编故事内容。

活动准备

1. 知识准备:和家长一起提前了解一些有关弱小群体的故事,知道他们生活中有很多不方便,需要我们同情、帮助和关爱。

2. 物质准备:课件、轻柔舒缓的背景音乐、根据故事中的角色准备相应的小图片。

3. 环境准备:房屋、桃花、小溪的展示板,一把小凳子。

活动建议

1. 玩蒙眼走路游戏,激发幼儿参与兴趣。

教师引导幼儿两两一组,让其中一位幼儿用手蒙住眼睛走一小段路。提问:"小朋友们,你们觉得蒙眼走路的时候方便吗?老师让小朋友们扮演的是什么呢?"

2. 理解故事内容,熟悉故事情节和主要对话。

（1）完整讲述,聆听故事主要内容。

提问:故事里都有谁?他们都是什么样的人?

（2）分段讲述,理解词语及人物对话。

① 讲述故事第一段,提问:"盲婆婆把儿歌改成了什么?为什么这样改?大家听了这样的儿歌心情是怎样的?"

② 讲述故事第二段,提问:"孤儿是怎么说的?盲婆婆是怎么做的?"

③ 讲述故事第三段,提问:"什么是'康复''恋恋不舍'?盲婆婆为什么不会孤单?"

3. 展示与讨论,体会盲婆婆的乐于助人,萌发关爱弱小的情感。

（1）引导幼儿分组复述人物对话,请个别幼儿来表演故事。

（2）讨论:盲婆婆是个怎样的人?她还会帮助谁?你能试着讲讲她的故事吗?

活动延伸

图书区提供故事图片,引导幼儿讲述故事《阳光编织口袋》,并尝试续编故事与同伴之间相互讲述。

阳光编织口袋 ①

每天太阳一出来，盲婆婆就开始用阳光编织五颜六色的口袋，一边编还一边唱童谣，哄着到这儿来看她编口袋的三个小家伙：一个孤儿、一个残疾儿童、一只被主人遗弃的小狗。

盲婆婆唱道："小老鼠，上灯台。"三个小家伙就接着唱："偷油吃，下不来。"盲婆婆又唱："老鼠老鼠你别急。"三个小家伙接着唱："抱个狸猫来哄你……"刹那间，盲婆婆和孩子们都笑了，笑得门前的桃花开了一大片。

有一天，孤儿想起了爹娘，抽抽搭搭地哭起来，哭得盲婆婆家门前的小溪都涨满了。小溪的下游有一对失去孩子的父母正伤心。他们听见了孤儿的哭声，就来到盲婆婆的家门前，说："请您把我们失去的亲情编进阳光编织袋吧！"不一会儿，盲婆婆就编成了一个亲情编织袋。这时候，孤儿扑进爸爸妈妈怀里，一家人开心地抱在一起，好幸福！

孤儿走了，残疾儿童整天不愉快。一天，一位医生来到这里，说："请您用爱心编个袋子，让我解除所有残疾儿童的痛苦。"当盲婆婆把袋子编成时，残疾儿童康复了，跟着医生走了。

孤儿走了，残疾儿童也走了，只剩下那只被主人遗弃的狗。它感到好寂寞好寂寞，整天眼泪汪汪的。于是，盲婆婆就用善良编了一个袋子。一只大母狗跑过来，说："小狗狗，你到我们家里来吧，我来做你的妈妈。"小狗扑上前去，蹦蹦跳跳喊"妈妈"。小狗要走了，恋恋不舍地回过头问盲婆婆："盲婆婆，我们都走了，你孤单了怎么办？你的眼睛……""别担心，孩子，我要把世界上一切美好的东西都编进阳光编织口袋里，有了它，我就不会孤单了……"

活动三 社会（文化）——吉祥如意中国结

活动意图

中国结，象征吉祥团结，是我国特有的民间手工编织工艺品，它造型丰富多样，寓意美好，深受人们的喜爱。《幼儿园教育指导纲要》指出："要适当地向幼儿介绍我国的民族文化，使其感知文化的多样性，培养幼儿理解、尊重及热爱民族文化的情感。"我们基于大班幼儿对中国结的兴趣，结合本年龄段幼儿的学习特点，以中国结为内容设计活动，通过让幼儿调查、分享交流自己收集的信息，走出幼儿园赠送中国结传递祝福等方式，感受中国结蕴含的美好寓意。

活动目标

1. 喜爱中国结，热爱祖国传统文化艺术，增强民族自豪感。

2. 知道中国结是我国特有的民间手工编织艺术，了解有关中国结的粗浅知识。

---

① 周莲珊《阳光编织袋》，载李晓红主编《幼儿文学》，北京理工大学出版社 2012 年版，第 140 页。

3. 能与同伴分享交流自己收集的信息,能大胆送出自己的中国结并表达美好寓意。

活动准备

1. 知识准备:在收集资料的过程中初步了解有关中国结的知识。

2. 物质准备:课件,视频,人手一个可赠送的中国结。

3. 环境准备:布置"中国结"展会,将收集的中国结信息做成信息墙。

活动建议

1. 自由参观"中国结"展会,激发幼儿参与兴趣。

提问:你都看到了什么样的中国结?你最喜欢哪个?为什么喜欢?

2. 多种方式参与,了解中国结的相关知识。

出示"信息墙",请幼儿自己介绍了解中国结的相关知识

出示中国结,引导幼儿观察,提问中国结的特点,并小结:大多数的中国结是红色的,他们的结构是对称的,耳翼、结体各有不同。

出示课件,认识多种多样的中国结,展示特征明显的吉祥结、绥带结、盘长结等,简单介绍其特点,观察比较它们的不同造型。

3. 播放视频,了解中国结的美好寓意,感受人们对中国结的喜爱。

小结:我们中国人经常把带有美好愿望的中国结作为礼物送给亲朋好友、国际友人。中国结还经常在一些重大活动上亮相,让所有的人感受到中国传统文化。

4. 思考:你在哪些地方见过中国结?是什么样的?

小结:中国结是我国特有的民间手工编织工艺品,中国结的颜色、形状、图案丰富多样,还代表着不同的寓意。中国结常用作生活饰品、亲友间的馈赠礼物及个人的随身饰物。

活动延伸

走出幼儿园,外出活动,将中国结送给社区的人,并表达自己的美好祝愿。

附图片

图 2-6　吉祥如意中国结调查记录

活动四 科学（探究）——编织好帮手编织器

活动意图

古代最早的编织是人力的编织,后来有了织布机,织布的速度明显提升,织布的方式也越来越多。随着科学的进步和人类的发展,越来越多的编织器进入了我们的生活,有立体手工织布机、手链编织器等成品织布机,也可以自制编织工具。大班幼儿动手能力有了明显的提高,他们能根据自己的想法,通过同伴互助的方式制作作品,本次活动将通过图片欣赏和动手自制等活动,让幼儿感受编织器的妙用。

活动目标

1. 感受科技进步带给人们生活的变化,乐于参与编织器制作活动。

2. 了解编织器发展的历史,知道编织器的原理。

3. 能与同伴共同讨论制作圆形绒球编织器。

活动准备

1. 知识准备:会与同伴合作制作作品。

2. 物质准备:7 cm 圆形硬纸板若干,毛线、剪刀、课件。

3. 环境准备:制作编织器信息墙。

活动建议

1. 视频导入,了解编织器的历史。

提问:你知道有哪些编织器？观看视频后,你有哪些收获？

小结:很久很久以前,人们只能靠双手编织东西,特别辛苦,动作还慢。后来人们发明了织布机,有了它,织布就快多啦,织布的方法也变得五花八门。科技越来越发达,人们的生活也越来越好,各种新奇的编制工具出现了,人们的生活更加便利。

2. 出示课件,认识各种各样的编织器。

成品编织工具:毛线编花器、编织花篮模具、升降织布机、立体手工织布机……

自制编织工具:盒子围巾编织器、框架穿编模具、木条手链编织器……

3. 认识"圆形绒球编织器",尝试与同伴合作制作。

（1）幼儿分组制作。

制作方法:幼儿两人合作完成,在圆形硬纸板上画圆,留出开口,并剪开。

（2）展示幼儿的编织器。

尝试使用过编织器制作圆形绒球。

活动延伸:编织区提供多种多样的编织器,引导幼儿探索编织器的使用方法,尝试制作编织作品。

附使用方法

1. 两片自制圆形绒球编织器重叠,将毛线整齐地缠绕在上面,建议多缠绕几圈

2. 沿自制圆形绒球编织器的边缘把毛线剪开,注意剪的时候另一只手要捏住毛线,避免毛线松散。

3. 另取一根毛线从重叠纸板中间穿过,绑紧打死结,建议两人配合。

4. 绑好后,将毛线团取出,修剪成圆球状。

活动五　数学（空间）——趣摘中国结

活动意图

大班幼儿逻辑思维能力显著提高,他们喜欢挑战有难度的问题,经过小班、中班的积累,大班幼儿对物品的位置基本能说出,因此在掌握物品位置的基础上用坐标表示位置关系是幼儿应该进一步了解和掌握的问题。《3～6岁儿童学习与发展指南》中指出:"大班幼儿应能发现生活中的许多问题都可以用数学的方法来解决,体验解决问题的乐趣。"活动趣摘中国结,通过设计"百货商店"的情境,引导幼儿用坐标表示位置,促进幼儿知觉能力的发展。

活动目标

1. 培养幼儿对数学活动感兴趣,喜欢使用数学语言。

2. 学习用语言清楚、准确地表达坐标点的具体位置,并学习记录坐标位置。

3. 感知坐标点的空间位置关系,促进空间知觉能力的发展。

活动准备

1. 知识准备:能说出物品在第几层、第几个房间。

2. 物质准备:房子图人手一份、各色中国结粘贴两人一组一份、课件。

3. 环境准备:幼儿围坐,两人一组,操作材料放中间。

活动建议

1. 出示"百货商店"图,教师引导幼儿观察,激发幼儿学习兴趣。

提问:数数有几层楼? 你们是怎么知道?

小结:原来看旁边竖着的数字从下往上数可以帮助我们知道有几层楼,看横着的数字从左到右可以帮助我们知道有几间房。

2. 练习坐标点位的口头表达,学习记录坐标点位置的表达形式。

（1）教师边操作边提问:"这百货商店里有很多中国结,红色的中国结在哪里? 蓝色的呢?"幼儿回答后,教师与幼儿一同检查。

（2）出示地址记录单,引导幼儿观察。提问:"横线记录第几间? 竖线记录第几层?"讲解记录坐标点的记录方式,随机请个别幼儿根据提示进行操作。

3. 配对游戏,帮助幼儿巩固识记坐标。

（1）教师口述坐标位置,幼儿操作。

（2）出示各色中国结粘贴和房子图,幼儿两人一组,互相提问并检验对错,教师巡回指导。

◆ **活动延伸**

回家和爸爸妈妈一起玩配对游戏,用数学语言表达坐标位置。

附中国结操作图

图 2-7　中国结操作图

活 动 六　**音乐活动(打击乐)——《纺织歌》**

◆ **活动意图**

《纺织歌》乐曲为 2/4 拍,分为两段,AB 的曲式结构,A 段以有规律的十六分音符为主,旋律轻快;B 段中旋律更加连贯;转调的部分让音乐变化明显,幼儿更易区分。大班幼儿的自控能力、合作能力、接受挑战等方面都有了很大的发展,能够通过对音乐、乐器的直接感知及已有经验,表现出丰富的感受力和创造力。活动中将通过操作体验、合作演奏等方式,充分感受乐曲的结构、风格,激发幼儿参与积极性。

◆ **活动目标**

1. 体验打击乐活动,感受合作演奏的快乐。

2. 感受进行曲的风格,了解 AB 的曲式结构,学习看指挥演奏乐曲。

3. 能根据音乐的变化特点为音乐配器,能与同伴合作演奏。

◆ **活动准备**

1. 知识准备:充分欣赏乐曲,了解其曲式结构及音乐特点,能用身体动作表现乐曲节奏;有打击乐活动经验。

2. 物质准备:节奏棒、沙锤、手摇铃若干,图谱。

3. 环境准备:幼儿分三组围坐活动室前端。

▶ 活动建议

1. 创设"小小编织手艺人"情境,激发幼儿参与兴趣。

播放音乐,引导幼儿有节奏地做编织的不同动作,初步感受音乐,提问:乐曲有几段?

2. 欣赏乐曲,尝试为乐曲配器演奏。

(1)欣赏乐曲A段,提问:这段音乐听起来怎样?我们用什么动作表现A段?

(2)欣赏乐曲B段,提问:B段音乐有什么特点?和A段哪里不一样?用什么动作表现B段?

(3)出示图谱,随乐用动作完整表现乐曲。

(4)出示节奏棒、沙锤、手摇铃,尝试为乐曲配器。

提问:你认识这些乐器吗?它们叫什么名字?它们的声音有什么特点?放在哪一段合适?根据幼儿表述将乐器图片贴在相应的段落中,并引导幼儿尝试演奏。

3. 完整演奏《纺织歌》,看指挥提示演奏。

(1)教师做指挥,指导幼儿演奏。

(2)幼儿做指挥,尝试演奏。

(3)交换乐器,幼儿指挥,进行表演。

▶ 活动延伸

提供音乐、图谱等,引导幼儿合作演奏乐曲,鼓励幼儿选择合适的乐器为乐曲配器。

附图谱

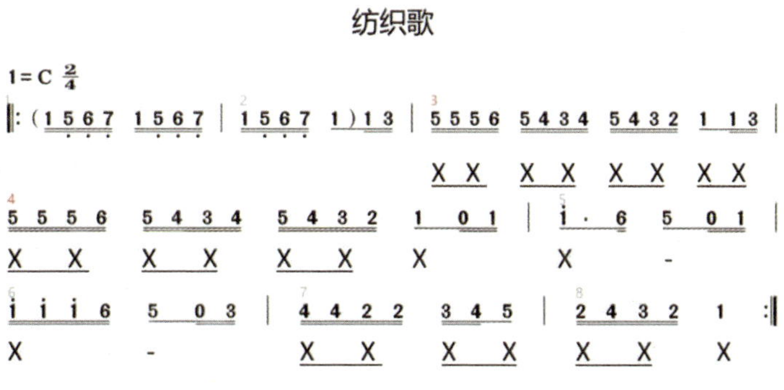

图 2-8 《纺织歌》图谱

活动七 美术(制作)——中国结

▶ 活动意图

在"巧手编织"主题中,幼儿对编织有了较多的了解,也开始对手工制作感兴趣。《3～6岁儿童学习与发展指南》中指出:"要创造机会让幼儿接触多种艺术形式和作品。"

中国结编织种类多,对于幼儿园阶段的幼儿来说有一定难度,在有了单结、平结、十字结的编织技能基础上,万字结的难度稍有增加且代表万事如意的寓意,比较适合大班幼儿,活动通过观察、操作等方式,让幼儿尝试编织,锻炼了幼儿观察力、思维力、动手能力等多方面能力。

▶ 活动目标

1. 感受中国结的造型、寓意的美,激发民族自豪感。

2. 欣赏万字结的造型美,知道万字结代表万事如意的寓意。

3. 能看视频、图示,自主探索编织万字结的方法。

▶ 活动准备

1. 知识准备:已经认识过生活中常见的中国结,有打单结、平结、十字结的经验。

2. 物质准备:万字结编法视频,各色中国结绳、棉绳,课件、图示、万字结实物等。

3. 环境准备:布置中国结展会。

▶ 活动建议

1. 出示万字结,激发兴趣。

提问:你们看看它的造型像什么?知道它表示什么意思吗?(万字结代表万事如意的意思。)

2. 结合 PPT 及小视频,鼓励幼儿自主探索万字结的编织方法。

(1)幼儿观看视频,自主探索万字结的编织方法。

① 将双线对折,左侧线绕圈打结;

② 右侧线压过左侧线,从圈中穿过;

③ 右侧线自下而上绕圈打结;

④ 将两根线拉松,右侧线先穿过左侧线圈的交叉处,左侧线再穿过右侧线圈的交叉处;

⑤ 将线拉紧,拉紧时调整三个耳翼的位置。

(2)幼儿自选材料,尝试编织万字结,教师观察指导。

(3)鼓励幼儿提出编织过程中遇到的问题,教师帮忙解决。

(4)提醒幼儿注意两侧线交叉绕圈的先后顺序。

3. 欣赏作品,表达想法。

引导幼儿大胆向同伴介绍自己的万字结,并说一说表达祝福的话。

▶ 活动延伸

在编织区投放各种红绳、玉线、中国结绳等,引导幼儿用自己喜欢的方式表现各种结。

附编法

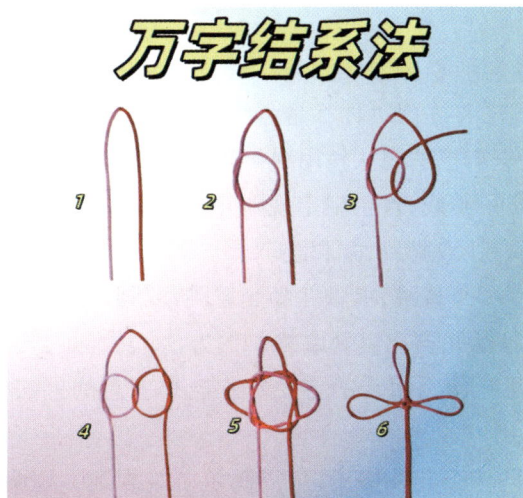

图 2-9　中国结编法

第三周　探索编织的秘密

活动一　健康（体育活动）——跳格子

▶ **活动意图**

　　体育活动跳格子源于民间游戏跳房子,其趣味性、娱乐性强,深受幼儿喜爱。本活动通过创新的融合方式,将编织元素融入跳格子活动,引导幼儿用彩色绳子编织出多种形态的格子,增加游戏的趣味性,锻炼幼儿的跳跃能力,有助于增强其腿部力量、协调性与平衡感,为其身体发育打下良好基础。团队形式进行活动,培养幼儿的合作意识与交流能力,符合大班幼儿的年龄特点与身体能力发展,满足幼儿活动的需要。

▶ **活动目标**

　　1. 感受跳格子活动的乐趣,激发对体育活动的积极情感。体会与小伙伴共同努力的快乐。

　　2. 熟练掌握多种跳跃方式,如单脚跳、双脚跳,显著提升跳跃能力和身体协调性。

　　3. 明白不同跳跃动作的要领和作用,了解编织与跳跃结合对身体锻炼的意义。

▶ **活动准备**

　　1. 知识准备:提前给幼儿讲解不同的跳跃技巧,展示相关图片或动画。

　　2. 物质准备:足量的彩色绳子,用于编织格子;在操场上用彩色胶带或颜料绘制出大小不同的格子。

3. 环境准备:选择空旷、安全的操场作为活动场地;活动场地周围布置一些与编织和跳跃相关的装饰,营造活动氛围。

▶ 活动建议

1. 创设"玩绳大赛"情境,激发幼儿参与兴趣,做热身运动。

探究绳子的多种玩法并提问:"你都是怎么玩绳子的? 还可以怎样玩? 我们跟他学一学吧!"鼓励幼儿根据自己的想法使用绳子做游戏,在蹦一蹦、跳一跳的过程中热身。

2. 引导幼儿玩跳格子游戏,自主制定规则并尝试。

(1)基本跳法:单脚跳、双脚跳、并脚跳。

(2)组合跳法:单双脚交替跳、单脚并脚交替跳、双脚开合跳。

(3)创新跳法:引导幼儿自己发现跳格子的方法,表达并尝试跳格子。提问:"还有怎样的跳格子方法? 还有什么组合的方法? 你能想出新的方法吗?"如围圈跳、间隔跳等。

(4)合作跳法:与同伴一起跳格子,自己制定游戏规则。如两个人同时同一方式跳等。

3. 师幼共同布置场地,组合多种材料跳格子。

鼓励幼儿将活动区域设计为闯关区,用绳子与其他材料组合,增加游戏难度。

4. 播放舒缓的音乐,幼儿自由进行放松活动,收拾活动材料,离开场地。

拿起绳子与同伴组合成格子,玩钻格子、跨格子的游戏。

▶ 活动延伸

户外活动时,为幼儿提供绳子等材料,鼓励幼儿根据自己的想法组合编织成各种形状的玩具,自主开展游戏。

活动二 语言(阅读)——《编织家》

▶ 活动意图

绘本故事《编织家》讲述的是蜘蛛小丝织出了蛛网,物质上从无到有,又因蛛网不堪重负,物质从有到无的故事,画面富有童趣,让幼儿看到小蜘蛛在遇到失败时不放弃,越是艰难越是坚持不懈的良好品质,感受生活是有无与得失的智慧,让幼儿在欣赏绘本的过程中,理解编织的意义和价值,借助绘本丰富的画面和情节,培养幼儿的观察力、想象力和语言表达能力,提高解决问题的能力,进一步感受编织的快乐。

▶ 活动目标

1. 感受编织带来的乐趣,体会故事中小蜘蛛不怕失败、坚持不懈的良好品质。

2. 能够用较为连贯的语言讲述绘本中的主要情节,尝试续编故事。

3. 理解故事内容,了解小蜘蛛重新快乐起来的原因。

▶ 活动准备

1. 知识准备:幼儿事先对蜘蛛织网有一定的认识和了解。

2. 物质准备:《编织家》绘本,课件,与绘本中相关的编织物品的图片或实物。

3. 环境准备:布置一个温馨的阅读角落,摆放舒适的坐垫和书架,放置相关的绘本。

⬡ **活动建议**

1. 课件出示"蜘蛛小丝",了解蜘蛛织网的特点,引出绘本。

提问:"小朋友们,看看这些图片上是什么呀?蜘蛛是怎么织网的呢?它的网是什么样子的?"鼓励幼儿积极发言,分享对蜘蛛织网的认识和发现。

2. 讲述故事,体会小蜘蛛坚持不懈的意志品质。

(1)教师完整讲述故事,初步感知故事内容。

提问:故事名字是什么?故事中的小蜘蛛在织网的过程中有没有遇到困难?它放弃了吗?小蜘蛛第一次织的网破了,你们猜它接下来会怎么做?

(2)教师分段讲述故事,引导幼儿感受小蜘蛛重新快乐起来的原因及坚持不懈的品质。

提问:小蜘蛛为什么不放弃织网?从这个故事中,你们明白了什么道理?

3. 感受编织的快乐,尝试续编故事。

(1)鼓励幼儿用较为连贯的语言复述绘本中的主要情节,教师给予指导和鼓励。

(2)引导幼儿尝试续编故事。

提问:"小蜘蛛的网织好后,又会发生什么新的故事呢?"让幼儿发挥想象,自由续编,并与小伙伴分享。

⬡ **活动延伸**

图书区提供绘本《编织家》,请幼儿根据小蜘蛛的故事进行续编活动,并与其他幼儿相互讲述。

附绘本故事

图 2-10 《编织家》故事图

编织家 [1]

每一只蜘蛛都是天生的探险家。从它们一出生就互相挥手告别,然后一一地乘风而去,当风把它们放下时,它们就准备开始织网。史丹利找到了一个理想的落脚处。史丹利是编织家也是收藏家,他收集种子、小树枝,还有叶子……还有各种它叫不出名字的好东西。对于自己的收藏,史丹利感到很自豪,可是这个时候又下起雨来。

突然它的家垮了,史丹利只来得及救起一片叶子,它该怎么样才能好好保护自己的叶子呢?虽然史丹利都把叶子绑得紧紧的,但风还是吹走它仅有的一片叶子。这下子,史丹利他失去了一切。是这样吗?一整夜,他不停不停地编织,到了早上,哇,史丹利竟然把他曾经拥有的所有宝物都织回来了。

织起希望的史丹利不仅有勇气告别过去,也有勇气重新出发,创造更美好的可能。此时,又是史丹利乘风而去的时候了。下次当你们遇到史丹利,记得转身看看他在编织什么宝物喔!

活动三 社会(文化)——有趣的盘扣

▶ 活动意图

"盘扣",也称"盘钮""盘结",是中国传统民族服装上的专用纽扣,用来固定衣襟或装饰,是古老中国结的一种,具有独特的艺术魅力。本次活动旨在让大班幼儿认识和了解盘扣这一传统工艺,感受中国传统文化的博大精深。活动中,我们引导幼儿寻找盘扣、交流发现,观察欣赏各类造型的盘扣,并了解盘扣工艺的创新运用。这些具体活动,深化幼儿对盘扣的认知,培养其观察力、审美能力与民族自豪感。

▶ 活动目标

1. 感受盘扣所蕴含的传统文化魅力,激发对传统手工艺的喜爱之情。

2. 认识不同类型和风格的盘扣,了解盘扣的历史渊源、文化内涵和在传统服饰中的作用。

3. 能大胆与同伴交流自己发现的盘扣,并介绍其主要特点。

▶ 活动准备

1. 知识准备:提前给幼儿介绍盘扣的基本知识,包括其历史、用途等,绘制调查表。

2. 物质准备:课件;准备丰富的盘扣实物、图片以及相关视频资料;提供各种制作盘扣所需的材料,如彩色布条、丝线、珠子、剪刀、胶水等;为幼儿准备制作盘扣的模具或样板。

3. 环境准备:布置一个充满传统元素的活动区域,展示各种精美的盘扣作品。

▶ 活动建议

1. 分享交流"我发现的盘扣",介绍自己的发现,引出主题。

---

[1] 石倩《编织家》,外语教学与研究出版社 2018 年版。

幼儿间相互交流"我发现的盘扣"调查表,提问:"你发现的盘扣是什么样的?像什么?"鼓励幼儿大胆与同伴交流分享。

2. 出示课件,了解盘扣的历史、用途等。

(1)盘扣最初的作用。

(2)盘扣的样式。

(3)盘扣的寓意。

(4)盘扣的创新与发展。

通过视频、照片等形式让幼儿了解相关知识。

3. 出示多种材料,分组制作盘扣送给家人,传递美好的祝福。

鼓励幼儿将材料组合,制作盘扣后,幼儿间分享交流,说说自己想送给谁,表达什么美好的寓意。

◇ 活动延伸

回家找一找生活中哪些衣服上有盘扣,拍照后与幼儿之间相互交流,说说盘扣的样子、系法等,丰富认知。

附调查表、盘扣图片、相关知识

表 2-2　"有趣的盘扣"调查表

有趣的盘扣

班级:　　　幼儿姓名:

我发现的盘扣:	说说它的样子:
在哪里有盘扣?	代表什么寓意?

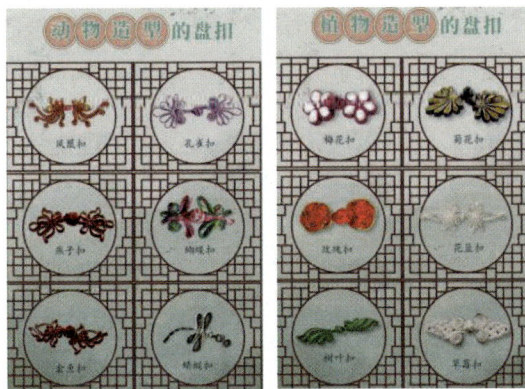

图 2-11　盘扣欣赏图(1)

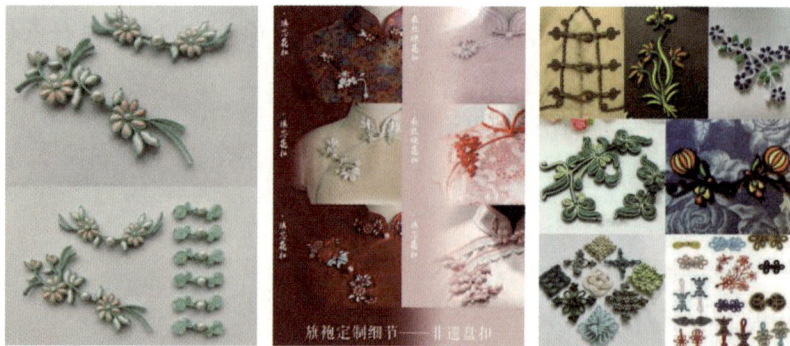

图 2-11　盘扣欣赏图（2）

盘扣相关知识

古代人最初的着装上是没有盘扣的，要想使衣服贴体、保暖、系牢，要用绳带打结束身，这就是早期盘扣的雏形。早在战国末期就已有一头用皮条或者布条扎系成的套，一头系结成疙瘩，用时把小疙瘩系进套里褡裢起来的褡襻，这就是盘扣的萌芽。

盘扣的花式种类丰富，有模仿动植物的菊花盘扣、梅花扣、金鱼扣，也有盘结成文字的吉字扣、寿字扣，还有几何图形一字扣、三角形扣等。

盘扣代表吉祥、团圆之意，象征圆满、完整、永恒，也代表不同地域、民族、宗教的文化传承和民族精神。

传统盘扣深受广大设计师的喜爱。在现代产品设计中，传统盘扣的创新应用是传统盘扣文化的传承与发展的方向。

活动四　科学（探究）——探索编织的秘密

▶ 活动意图

大班幼儿对编织充满了好奇心和探究欲望，他们对编织是怎么来的、怎样能编出好看的作品有着浓厚的兴趣。而编织是一种古老而富有创意的手工技艺，有丰富的教育价值，因此，"探索编织的秘密"活动将深入编织活动，从"结绳记事"开始说起，了解编织的由来、方法、种类和工具，让幼儿感受传统手工艺的魅力，培养他们的观察力、思考力，通过操作常识编织提高幼儿动手能力。

▶ 活动目标

1. 对编织活动产生浓厚的兴趣，积极地参与探索活动。

2. 能够初步了解一些简单的编织方法以及常见的编织工具。

3. 了解编织的由来和发展历程，认识不同种类的编织作品，如竹编、草编、毛线编等。

▶ 活动准备

1. 知识准备：提前让幼儿观察生活中常见的编织物品。

2. 物质准备:收集各种编织物品,如竹篮、草席、毛线围巾等。准备多种编织工具,如不同型号的编织针、钩针、剪刀等。准备各类适合幼儿操作的编织材料,如彩色塑料绳、毛线等。

3. 环境准备:布置一个充满编织元素的教室环境,展示各种编织作品的图片。

▶ 活动建议

1. 出示精美编织作品,吸引幼儿兴趣。

提问:"小朋友们,看看这些漂亮的东西,你们知道它们是怎么做出来的吗?"

2. 布置编织展馆,进一步了解编织的由来、方法等。

(1)讲述故事《结绳记事》,了解编织的由来,提问:"很久以前人们就会编织了,那和现在的编织有什么不一样呢?"展示不同时期的编织作品,让幼儿对比观察。进一步了解编织的历史与发展。

(2)交流分享:我发现的编织物品。提问:"你在哪里找到了编织的物品?它是什么?是什么样子的?你知道它是怎样做成的吗?"鼓励幼儿大胆讲述自己的发现。

3. 出示编织工具,引导幼儿观察并探索编织的方法。

出示常见的编织工具,如编织针、毛线、竹条等,向幼儿介绍其名称和用途。提问:"谁能猜猜这个工具是用来做什么的?"示范简单的编织方法,如平编、角编,让幼儿观察并探索尝试。

▶ 活动延伸

美工区投放多种多样的编织工具,幼儿讨论交流编织工具的用法,尝试使用编织工具制作作品。

附调查表

表 2-3 "探索编织的秘密"调查表

探索编织的秘密

班级:　　　　　幼儿姓名:

我找到的编织物品:	它是用什么材料做的?
它的样子是什么样的?	用到了什么编织方法?

活动五 数学（形）——毛线球装新房

活动意图

大班幼儿能发现事物间的排列规律,自创或合作创设两种或两种以上的规律进行排序。本次"毛绒球装新房"数学活动,将编织元素与按规律排序相结合,让大班幼儿在有趣的情境中,感受数学的规律之美,提高他们的逻辑思维能力和观察力。用毛绒球进行规律排序的操作,将抽象的数学概念具象化,使幼儿更容易理解和掌握。融入编织的形式,增加活动的趣味性和创意性,激发幼儿对数学和编织活动的双重兴趣。

活动目标

1. 体验用毛绒球和编织进行规律排序装饰新房及事物重复的乐趣。

2. 学习按物体重复交替、数量的递增或递减等规律进行排序。

3. 尝试用观察、推理等方式发现物体的排列规律。

活动准备

1. 知识准备:幼儿已对简单的规律排序有初步认识。

2. 物质准备:各色、大小不同的毛球每人 1 份,红、蓝彩珠,绳子,彩色纸条,胶水若干。

3. 环境准备:创设新房的场景布置,营造活动氛围;布置按规律排序的展板,供幼儿观察。

活动建议

1. 创设"小熊的新房"情境,激发幼儿学习排序的兴趣。

引导幼儿发现小熊的新住处布置得很有规律,有的是按 ABBBABBB 式交替、重复排列的,有的是按 ABABBABBBABBBB 式递增排列的。

2. 操作材料,引导幼儿分组设计排列顺序。

（1）为小熊家门前的小路铺设有规律的路面。提问:"怎样用雪花片帮助小熊铺设一条漂亮的小路?"鼓励幼儿按毛球的数量或颜色交替变化的规律铺设。

（2）请幼儿帮助动物们做项链送给小熊。请幼儿用长绳穿彩珠做成项链,比一比谁穿得漂亮。引导幼儿按交替、重复的规律穿珠。

（3）鼓励幼儿交流作品,发现不同的排列规律。

3. 组织幼儿讨论生活中事物重复变化的乐趣。

提问:"生活中,你还发现什么地方有交替、重复排列的现象?这些地方为什么要有规律地排序?"

小结:生活中的很多地方用到了有规律地排序。例如:家里的窗帘、被单的花纹,公园里摆放的花盆,婚礼上的气球拱门等。事物的重复、交替变化装扮美化了我们的生活。

活动延伸

数学区提供操作材料,幼儿可在区角活动中继续练习按规律排序,尝试创编排序方法与同伴共同游戏。

活动六 音乐(游戏)——旋转织布机

活动意图

音乐游戏是幼儿喜爱的音乐活动形式,通过游戏表达对音乐的感知和理解,本次活动选择的乐曲为 AB 结构,旋律流畅,有节奏感,是幼儿易分辨的音乐,活动中加入"编织"的情境,用彩条贯穿始终,A 段音乐有鼓点的节奏,通过规定动作,感受音乐旋律特点。《3~6 岁儿童学习与发展指南》中指出:"幼儿在艺术活动中应能与他人相互配合,也能独立表现。" B 段较 A 段旋律流畅,加入游戏的部分,让幼儿在独立编织和合作编织中,体验与同伴一起编织的快乐。

活动目标

1. 与同伴一起跟随音乐做游戏,体验与同伴合作游戏的快乐。

2. 感受音乐 AB 段的曲式特点,尝试用动作表现织布的动作。

3. 能有节奏地完成动作,按自己的想法将彩带编织出不同的样式。

活动准备

1. 知识准备:掌握几种编织方法,会与同伴合作编织。

2. 物质准备:彩带人手一条,游戏音乐。

3. 环境准备:宽敞的游戏场地。

活动建议

1. 随音乐进入活动室,感受音乐 AB 段的不同结构特点。

播放完整音乐,提问:"音乐听起来怎么样?一共有几段?"引导幼儿感受音乐整体特点,发现 AB 段的曲式结构。

2. 创设"编织工坊"情境,尝试用动作表现音乐。

(1)感受 A 段音乐,提问:"你听到 A 段里有什么声音?像在干什么?你能用动作来试一试吗?"随鼓点声音做织布动作,即听到鼓点举起(放下)彩带。

(2)感受 B 段音乐,提问:"B 段音乐听起来怎么样?你能把手里的彩带转动起来吗?变成了什么样子?"鼓励幼儿大胆尝试,听着音乐,将彩带变形。

(3)播放 AB 段完整音乐,引导幼儿随音乐表现 A 段规定动作及 B 段将彩带变形的动作。

3. 创设游戏规则,随音乐与同伴合作游戏。

(1)两人一组,将彩带编在一起,A 段表现规定动作,B 段两人合作编织出不同样式。

(2)多人合作,将彩带编在一起,交流:"你和几个人一起编织的?编出了什么样式?还可以怎么编?"

(3)自由组合,随音乐反复游戏。

活动延伸

音乐区提供图谱、音乐、彩带等,鼓励幼儿玩旋转织布机的游戏,并探索新的编织方法。

旋转织布机

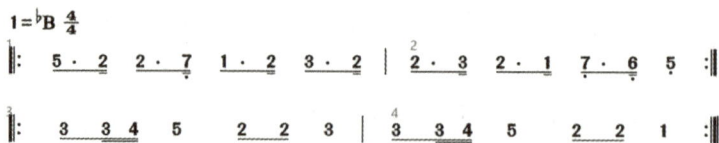

图 2-14 《旋转织布机》曲谱

活动七 美术（欣赏）——"有生命的包"

活动意图

山葡萄藤是一种特殊的编织材料,而山葡萄藤编织制作技艺也是非物质文化遗产的项目之一。利用独特、多样的山葡萄藤编制技艺编织出的包被称为"有生命的包"远销海外,其结构、纹样和色彩都有待幼儿发现的价值,活动通过实物、多媒体资源相结合的方式,运用多种感官,让幼儿在观察、思考的过程中加深对藤编工艺的了解,感受中华优秀传统文化的多样性,进而产生民族自豪感。

活动目标

1. 欣赏山葡萄藤编织的手提包,感受藤包的造型美。
2. 知道藤编技艺是中国传统的一种手工艺术,了解其制作方法。
3. 能发现结构、纹样和色彩的不同特点,并大胆说出自己的发现。

活动准备

1. 知识准备:对山葡萄藤编织有所了解。
2. 物质准备:各种藤编包、箱子等,藤条,手工艺人的编织视频、课件。
3. 环境准备:将幼儿收集的藤编包摆放到班级的展示区,以便幼儿欣赏。

活动建议

1. 师幼共同参观藤编包展区,激发兴趣。

幼儿自由参观,引导幼儿找出自己最喜欢的藤编包,提问:"藤编包都是什么样的?你最喜欢哪一个?为什么?"鼓励幼儿与他人交流分享自己最喜欢的藤编包。

2. 欣赏藤编包,感知结构、纹样和色彩。

（1）欣赏实物:半月六角花手提包。

引导幼儿认真观察其色彩及纹样,用手摸一摸,闻一闻包的气味。提问:"藤编包由哪些部分组成?你觉得它哪里最美?"

（2）观看课件:《双层六目空编茶道箱》《双层单眼目空编手提包》

欣赏编织艺人的作品,提问:"这两件藤编作品,造型有什么不同?纹样又是什么样的?"

小结:编织艺人在创作的过程中不断创新,他们编织出了不同造型的包及箱子,每件作品都是编织艺人用藤条编织成各种各样的纹样组合而成的,凝聚了他们的心血。

3. 引导幼儿讨论,怎样向编织艺人表达对他们的敬佩和谢意?

提问:"你想对编织艺人说什么?"鼓励幼儿大胆表达自己的敬佩和谢意。

▶ **活动延伸**

投放藤条于编织区,鼓励幼儿自由编一编。

附半月六角花手提包简介

半月六角花手提包简介

半月六角花手提包运用的是最经典的六角花编织技艺,一周的时间才能制作出一个,需要 200 米的藤。这些包是纯天然的,没有味道,手感很好,外表光滑。使用时间越长,颜色会越深,越会发光发亮,所以人们称它为"有生命的包"。

第四周　我做编织传承人

活动一 健康(体育活动)——拦网大作战

▶ **活动意图**

大班幼儿对体育活动感兴趣,并已经能够完成侧身钻的动作要领,喜欢和同伴一起玩游戏,但在身体的灵活性、协调性方面还存在差异,有提升的空间。活动"拦网大作战",让幼儿练习侧身钻,通过创设"搭建大闯关""我是小小建筑师"等多种游戏环节,引导幼儿掌握侧身钻的动作要领,让幼儿手持物品钻过障碍物,合作完成既定任务。游戏过程中,根据幼儿情况不断调整游戏难度,鼓励幼儿积极参与,勇于挑战。

▶ **活动目标**

1. 喜欢玩侧身钻的游戏,体验游戏的快乐。

2. 练习侧身钻过不高于 60 cm 的障碍物,熟练掌握侧身钻的动作要领。

3. 能用侧身钻的方法通过障碍物,能合作搭建建筑物。

▶ **活动准备**

1. 知识准备:有侧身钻的经验,会与同伴一起搭建。

2. 物质准备:护栏若干,拱门 4 个,平衡木 4 根,大中积木若干,活动音乐。

3. 环境准备:空旷的场地,根据活动内容放置护栏等器械。

活动建议

1. 随欢快的音乐做准备活动,进行动作练习。

播放音乐,带领幼儿围圈走,边走边活动四肢及腰部,进行转体、跳跃等动作练习。

2. 创设"搭建大闯关"游戏情境,练习侧身钻的动作,探索搬砖过护栏的方法。

提问:拿着积木怎样才能方便、快速地钻过护栏?

(1)幼儿自由分组,探索侧身钻不高于 60 cm 的护栏,教师观察,请个别幼儿示范,提示:侧蹲,一条腿先过障碍,移过身体,再移过另一条腿。

(2)幼儿反复练习动作,教师指导并比较正面钻、侧面钻两种方法,同伴交流

3. 游戏"我是小小建筑师",巩固侧身钻的技巧。

玩法:幼儿分 4 队,起点处准备,教师发令开始,从排头起选一块积木,侧身过护栏,走过平衡木,钻过拱门,用积木搭房子后跑回,下一名幼儿击掌后出发,先搭建完的组获胜。

规则:幼儿要侧身钻过护栏,前面幼儿拍手后,后一名幼儿才能出发。

游戏反复进行,降低护栏高度以增加难度。

4. 播放《洗澡歌》音乐,做搓一搓、冲一冲的洗澡动作,进行放松。

活动延伸

户外活动或家长带幼儿外出游玩时,发现拱门、山洞等,引导幼儿用侧身钻的方式穿过。

活动二 **语言(表达)——有趣的线条**

活动意图

大班幼儿已经有一定的语言表达能力,且幼儿时期是想象力发展的黄金时期,幼儿喜欢想象、善于想象,我们要抓住最佳时期充分发展幼儿的想象力,这将使幼儿终身受益,对培养创造型人才很有意义。此活动结合"巧手编织"的主题,充分挖掘和利用环境中的教育因素,利用幼儿熟悉的事物——毛线来作教具,利用毛线变化多端的造型激发幼儿的创造性和想象力,尝试组织语言进行表达,提高幼儿的学习兴趣和效率。

活动目标

1. 喜欢使用毛线编织出的物品,有较高的学习兴趣。

2. 完整、清楚地表达自己的想法。

3. 发挥想象并能用连贯的语言创编、讲述故事。

活动准备

1. 知识准备:幼儿有用绳子进行编织活动的经验,知道绳子有多种用途。

2. 物质准备:线条图两张,各种颜色的毛线人手一份。

3. 环境准备:布置"绳子展示台",展示各种绳子和绳子做的东西。

活动建议

1. 看线条图谈话,激发幼儿参与兴趣。

出示贴在纸上的线条图,转动线条图,变换线条的方位,激发幼儿想象。提问:这些线条像什么?横着看线条像什么?竖着看线条像什么?倒过来看线条像什么?

2. 引导幼儿操纵毛线形成线条图,进行想象的发散。

教师操纵毛线形成一个线条图,拉动毛线后松开手,让毛线自然落地形成线条图,引导幼儿采用多种甩线的方法,如抓住毛线的一头甩动,或抓住毛线的中间甩动,或将毛线向上拍,或转圈甩动毛线等,形成差异较大的线条图,以促使想象的发散。

3. 分散玩线条游戏,尝试讲述。

(1)全体幼儿参与,每人拿一根毛线进行操作,形成线条图,要求边玩边想象。

幼儿操作,教师进行指导,引导幼儿边玩边讲述"我觉得它像XX",鼓励幼儿互相讲述。

(2)第二次操作,要求幼儿能将线条图编成一段话。

(3)第三次操作,要求幼儿能将线条图编成一个故事讲述出来。

讲一讲:故事发生在什么地方?有谁?他们在干什么?结果怎样?

(4)幼儿边操作边创编故事,教师进行观察、指导,帮助幼儿确定主题,完整讲述故事。

活动延伸

美工区投放各种各样的绳子,幼儿自由探索绳子的不同玩法和拼摆方法,并把自己探索的结果与同伴和老师分享。

附故事

线条故事

有个小姑娘,扎着一条长长的辫子。她走起路来蹦蹦跳跳,辫子也跟着一甩一甩,煞是好看,大家都很喜欢她。

一天,小姑娘和几个小伙伴在草地上放风筝。突然,一个小朋友不小心掉进了一个坑里,怎么爬都爬不出来,急得大哭。其他小朋友见状,赶忙安慰:"别着急,我们来帮你!"可到底该怎么帮呢?小姑娘灵机一动,想到一个办法。她迅速把长长的辫子甩进坑里,大声喊道:"别哭啦!抓住我的辫子,我们拉你上来!"在大家齐心协力的努力下,"嘿哟、嘿哟",终于把这个小朋友从坑里拉了上来。

活动三 社会(文化)——传承人胡正仁

活动意图

胡正仁,中国非物质文化遗产"东阳竹编"传承人,与竹编结缘50多年来,胡正仁老师以精益求精的技术编织了一个个花篮、提篮、收纳盒等实用品,也走出了一段精益求精的工匠人生。传承人胡正仁让我们走进非遗竹编的世界,本活动将通过观看《雷峰塔》《观音瓶》等作品,向竹编传承人提问等环节,让幼儿感受"以竹作画,以织为情"的态度,感受传承人坚持的精神,与传承人对话,为非遗文化而骄傲!

◆ 活动目标

1. 尊重传承人,感受成为传承人的骄傲,愿意做传承人。

2. 通过认识竹编传承人,初步了解"传承"的意思,知道传承人坚持的精神。

3. 能大胆地向竹编传承人提问,与同伴交流传承人做作品的技艺和本领。

◆ 活动准备

1. 知识准备:幼儿对竹编已经有了初步的了解和认识。

2. 物质准备:课件、竹编传承人胡正仁介绍视频,记录自己对竹编感兴趣的问题。

3. 环境准备:活动室布置竹编作品展。

◆ 活动建议

1. 出示胡正仁的照片,引导幼儿了解什么是传承人。

提问:他是谁?是做什么的?什么是传承人?

小结:传承人就是把我们国家一些优秀的民间本领学会,比如学会做风筝、学会捏面人、做糖画等等,然后再一代一代传下去的人。

2. 了解竹编传承人,知道传承人坚持的精神。

(1)播放视频,了解传承人的经历。

胡正仁老爷爷13岁就跟随父亲学习竹编,制作竹编已经50多年了,也掌握了几十种编织方法。在传统技艺上不断精进的同时,也在竹编工艺方面敢于开拓创新,他希望有更多的年轻人加入竹编这个行业,把竹编文化发扬光大。

(2)出示"雷峰塔""观音瓶"等作品,引导幼儿观察作品的特点及细节的处理,引导幼儿表达对作品的感受,感受竹编的魅力。

(3)出示记录表,大胆向传承人提出自己的问题,与传承人面对面交流,解答问题。

3. 制作宣传卡,争当传承人。

引导幼儿用绘画的形式制作宣传卡,鼓励幼儿用符号大胆说出自己想说的话。

◆ 活动延伸

和幼儿一起收集生活中的竹编制品,并与幼儿交流它们的用途。

附图片

图2-16　胡正仁竹编作品欣赏

活动四　科学（探究）——制订参观纺织谷计划

活动意图

《3～6岁儿童学习与发展指南》指出："应运用幼儿喜闻乐见和能够理解的方式激发幼儿爱家乡、爱祖国的情感。"纺织谷位于国棉五厂旧址，是青岛百年"母亲工业"历史文化新的传承载体，既有年代感，又具有现代工业气息。在"巧手编织"主题下，幼儿对编织活动产生了浓厚的兴趣，因此，参观纺织谷成为幼儿期待的活动。"制订参观纺织谷计划"让幼儿自己成为活动的主人，为后续参观活动奠定基础。

活动目标

1. 感受家乡纺织方面的成就，对参观活动产生兴趣。

2. 了解纺织谷的由来、变化等，用符号表征的方式自主制订参观纺织谷的计划。

3. 能与同伴相互交流，大胆表达自己的想法。

▶ **活动准备**

1. 知识准备：会用符号表征的方式制订计划，对纺织谷有一定的了解。

2. 物质准备：纸，笔，纺织谷介绍课件。

3. 环境准备：幼儿围桌分组坐。

▶ **活动建议**

1. 谈话导入，激发幼儿参加制订参观纺织谷的计划。

提问：你知道青岛的纺织谷吗？你了解多少？

2. 结合课件介绍纺织谷，制订参观计划。

（1）教师介绍，激发幼儿参观兴趣。

出示课件，组织幼儿观看纺织谷历史文化、建筑特点和相关纺织作品，引导幼儿自由交流观看后的感受。

（2）集中交流，教师帮助幼儿梳理已有经验。

提问：你想了解纺织谷的哪些内容？怎样才能获取到自己想要的信息？

（3）分组讨论：我们参观的过程中要看什么？了解什么？

引导幼儿从纺织谷的作品、手艺等方面进行交流。

（4）制定计划，引导幼儿用绘画或符号表征的方式制订计划。

3. 集中交流：组织幼儿结合自己制订的计划交流，启发幼儿继续完善。

▶ **活动延伸**

在美工区鼓励幼儿用绘画的方式将自己参观纺织谷的所见所闻画下来。

附图片

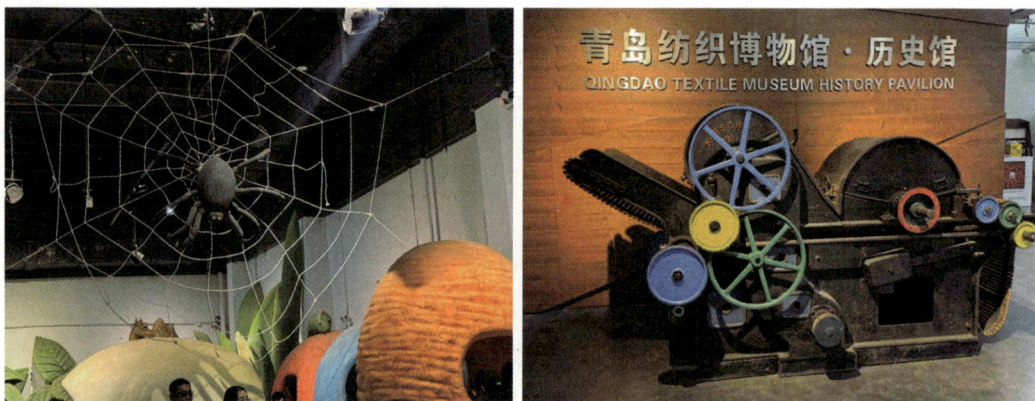

图 2-17　纺织谷照片（1）

图 2-17 纺织谷照片（2）

活动五 数学（数）——5 的加减

▶ 活动意图

幼儿学过 3 和 4 的组成和加减后,对加法和减法的含义有了初步的认知,也喜欢尝试用数的组成和加减表示画面的意思,喜欢自己编应用题。5 的组成是 5 的加减运算的基础,因此要从复习 5 的组成中,逐步推理出加减的算式。互换互补的规律对幼儿来说较难,所以我们引导幼儿从实际操作和观察比较中理解这个数学规律,在观察图片、分组游戏中,自主学习 5 的加减并创编应用题解决生活中的实际问题。

▶ 活动目标

1. 初步体会生活中许多事情可用加减法计算,感受用数学解决生活问题的乐趣。

2. 知道 5 的加减算式可以表示关于 5 的数量变化,进一步理解加减的实际意义。

3. 尝试根据 5 的组成推理出 5 的加减算式,会看图说出 5 的加减运算,口头编出应用题,并拼摆算式。

▶ 活动准备

1. 知识准备:幼儿已经掌握 3 和 4 的组成和加减,对 5 的组成有初步的了解。

2. 物质准备:草编玩具人手 5 个,课件,数字 5 的书写。

3. 环境准备:幼儿围桌坐,中间放操作材料。

▶ 活动建议

1. 组织幼儿玩游戏"我来分一分",复习 5 的 4 种分法。

人手 5 个草编玩具,分一分并进行记录,教师指导,归纳总结 5 的形成。

2. 出示图片,请幼儿观察画面中数的关系,梳理出 5 的加减法算式。

（1）根据中国结出现的先后顺序,引导幼儿描述并摆算式。先摆加法,再摆减法。引导幼儿说出各个数字及符号代表的意义,发现:将加号两边的数互换位置,总数不变。

（2）启发幼儿根据图片上中国结的不同颜色等写出分合式并写出其他 5 的加减法算式。

3. 根据 5 的加减算式，尝试编出应用题。

例如，根据 5－2＝3，编出：柜台上有 5 个草编蚂蚱，卖出 2 个，还剩下几个？

4. 开展分组小游戏，引导幼儿熟练掌握 5 的加减。

第 1 组：快问快答。第 2 组：找错误。

5. 观察数字书写范例，学习 5 的书写。

带领幼儿复习 1～5 的数字特点和笔顺，重温起笔、落笔的位置。幼儿在老师准备的范例上书写 5，教师要引导幼儿一个一个地写，提醒幼儿书写工整并保持纸面整洁。

▶ 活动延伸

在生活中鼓励幼儿用数学思维解决问题，如拿取加餐等。

附课件

图 2-18　5 的形成

活动六 音乐（歌唱）——《织布歌》

活动意图

大班幼儿对编织活动充满兴趣,常常边哼唱歌曲边玩编织游戏,歌曲《织布歌》,旋律朗朗上口,富有童趣,歌曲为4/4拍,大多以规整的十六分音符构成,配以编织的歌词,速度较快,乐句较长,且每句开始为弱起小节,与上一句衔接紧,幼儿演唱受气息和语速的影响,有一定的难度,因此在活动中,将通过降低速度、分析歌词、编织游戏等方式,帮助幼儿掌握歌曲旋律和歌词,感受演唱的趣味性。

活动目标

1. 感受边编织边演唱的快乐。

2. 理解歌词内容,掌握连续十六分音符的演唱方法。

3. 能完整演唱歌曲,能唱准弱起小节。

活动准备

1. 知识准备:会十字结、万字结等编织方法。

2. 物质准备:课件,金色丝线人手一根。

3. 环境准备:幼儿两人一组围坐。

活动建议

1. 难点前置,做发声练习。

演唱 $\underline{0\ 13}\ |\ \underline{5556}\ \underline{5434}\ \underline{5432}\ \underline{1\ 0}|$,教师引导幼儿唱准弱起节奏。

2. 欣赏歌曲,理解歌词内容,尝试演唱歌曲。

（1）教师清唱,欣赏歌曲。

提问:歌曲里在做什么事? 你听到了什么?

（2）观看歌曲动画,理解歌词内容。

提问:小猴是怎样织布的? 织出来的线头在微风中会怎样?

（3）熟悉歌曲,跟伴奏演唱。

提问:小猴是怎样邀请小伙伴的? 什么是纺纱车?

（4）出示课件,引导幼儿完整演唱歌曲,每次演唱加快速度。

提问:织布的心情是怎样的? 你怎么听出来的? 我们可以快一点织布吗?

3. 完整演唱歌曲,边演唱边做编织动作。

幼儿人手一根金色丝线,幼儿边演唱边做编织动作,先个人演唱,再两人合作编织演唱,唱完后引导幼儿说出自己编织的是什么结,体验编织成功的快乐。

活动延伸

回家跟爸爸妈妈一起边演唱边玩编织游戏,尝试编织出各种造型的物品。

附歌曲简谱

织布歌

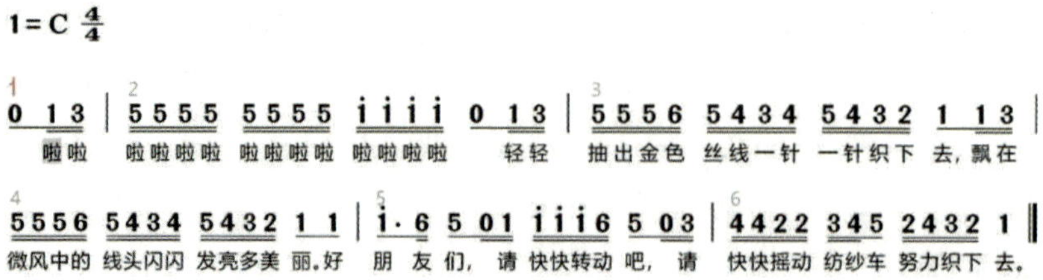

1 = C 4/4

图 2-19　织布歌简谱

活动七　美术（制作）——《海底总动员》

活动意图

经过"巧手编织"主题的不断推进,幼儿已经掌握了缠绕、打结等多种编织技巧,也能独立完成简单物品的编织,《3~6岁儿童学习与发展指南》中指出:"大班幼儿应能用多种工具、材料或不同的表现手法表达自己的感受和想象。"海底有各种各样的动物,本次活动中,我们为幼儿提供多种材料,鼓励幼儿运用已有经验,大胆发挥想象力和创造力,制作海洋动物的形态,感受编织活动的乐趣。

活动目标

1. 体验创作编织作品的乐趣,感受编织作品的美。
2. 尝试用缠绕、盘、上下穿编等方式制作自己喜欢的海底动物。
3. 能用学过的编织方法大胆创作,表现海底动物的形态。

活动准备

1. 知识准备:已有参观极地海洋世界的经验。
2. 物质准备:编织作品课件,中国结绳,各种毛线、布条,纸碗,双面胶等。
3. 环境准备:创设海底世界背景场景。

活动建议

1. 出示课件,回忆参观极地海洋世界的活动经验。

提问:这是什么地方?极地海洋世界里都有哪些动物?它们长什么样子?

2. 欣赏海洋动物编织作品,尝试创作。

（1）出示作品,感受编织作品的美。

提问:你喜欢哪一幅作品?它用到了哪些材料?是用什么方法编织创作的?

鼓励幼儿大胆表述图片中的编织方法和材料,如:有规律地盘、绕、上下穿编,打双结的编织方法来创作和装扮等,用到线、布条、纸碗、双面胶等。

（2）幼儿自主选择材料，完成作品。

教师巡回指导，引导幼儿在操作时注意颜色的搭配、材料的适宜性等。

3. 分享展示作品，互相评价

将幼儿作品展示在海底世界背景场景中，合理布局，鼓励幼儿相互说一说自己最喜欢哪幅作品和原因。

▶ **活动延伸**

在家寻找不同材料，用编织方法创作出更有创意的编织作品，展示在家里，美化环境。

附图片

图 2-20　海洋动物编织图片

第三章

中班主题教育活动设计
"巧手编篮秀"

主题活动价值

篮子编织是我国的一项传统民间手工艺,被称为指尖上的艺术,在幼儿的生活中随处可见。集结了"编"和"织"的技艺,以简单的手法创造千变万化的形态和风格,扇面形、花朵形、新月形,藤编、竹编、草编……融合了自然和人工的元素,展现了大自然的美丽和人们的智慧。篮子在孩子们的生活中可以插花、买菜、收集落叶,可以装玩具、装图书、养宠物,还可以装饰家居、赠送亲朋好友,既是生活用品又是工艺品,既有实用价值又有欣赏价值,体现了丰富多彩的中华传统文化。

《幼儿园教育指导纲要(试行)》指出:"幼儿园的教育内容要贴近幼儿的生活,选择幼儿感兴趣的事物。充分利用社会资源,引导幼儿实际感受祖国文化的丰富与优秀。"中班幼儿已有平面编织经验,对于进一步探究更多材料与编法的立体编织开始萌发兴趣。开展丰富多彩的立体篮子编织特色实践活动"巧手编篮秀",让幼儿切身感受篮子编织的艺术魅力。

中班将以"趣享花篮编织""篮子朋友大聚会""'千编万化'篮艺坊"三个次主题活动为线索,为孩子实现篮子编织愿望搭建支架,把幼儿的兴趣点层层推进。欣赏篮子编织的造型、纹样,探究篮子编织的种类、方法、工具、功能,感知编织篮子与自己生活的密切关系,动手编织不同类型的篮子作为游戏玩具,体验篮子编织乐趣以及给日常生活带来的便利。本次活动不断发展幼儿动手操作能力、探究能力,提高想象力、创造力和审美能力,让幼儿获得满足感与成就感,增强民族自豪感,从而促进传统手工艺的保护和传承。

主题活动目标

1. 情感与态度目标:萌发探索篮子编织的愿望与兴趣,欣赏篮子编织作品的纹样美、造型美,感受篮子给生活带来的便利,体验篮子编织的乐趣。增强民族自豪感,愿意成为篮子编织传统民间手工艺的传承人。

2. 知识与能力目标：了解编织篮子的历史由来和发展，知道篮子编织是我国一项传统民间手工艺。观察探究篮子编织的材料、工具、方法，猜想、验证、了解不同材料、编法，编出不同款式、功能的篮子。喜欢与同伴交流分享探究篮子编织的过程和结果。

3. 技能目标：积极参与编织活动，尝试运用绳、纸、竹等不同材料，运用十字编、三股编、交叉编等多种方式表达对篮子编织的认知、喜爱和想象。

4. 转化与发展目标：扩大有关篮子编织的新经验，发现与之相关的各种实用价值、欣赏价值，大胆创新篮子编织。

主题活动预设

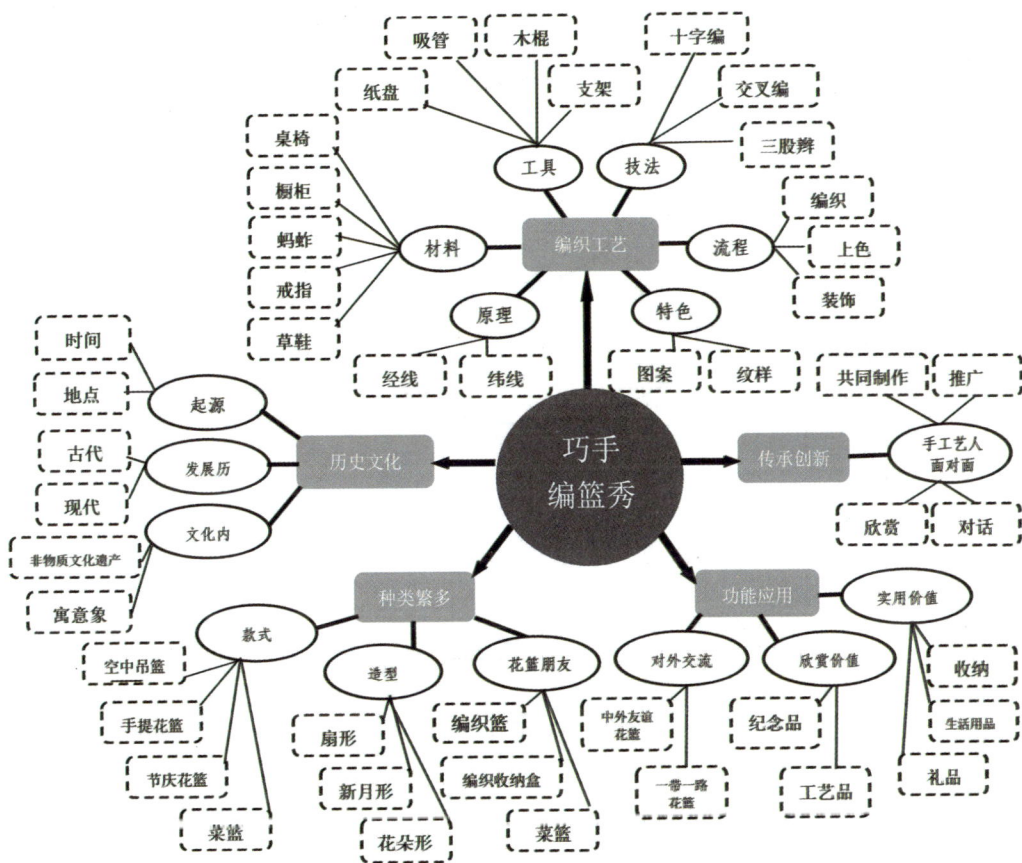

图 3-1 主题活动预设图

主题活动范围

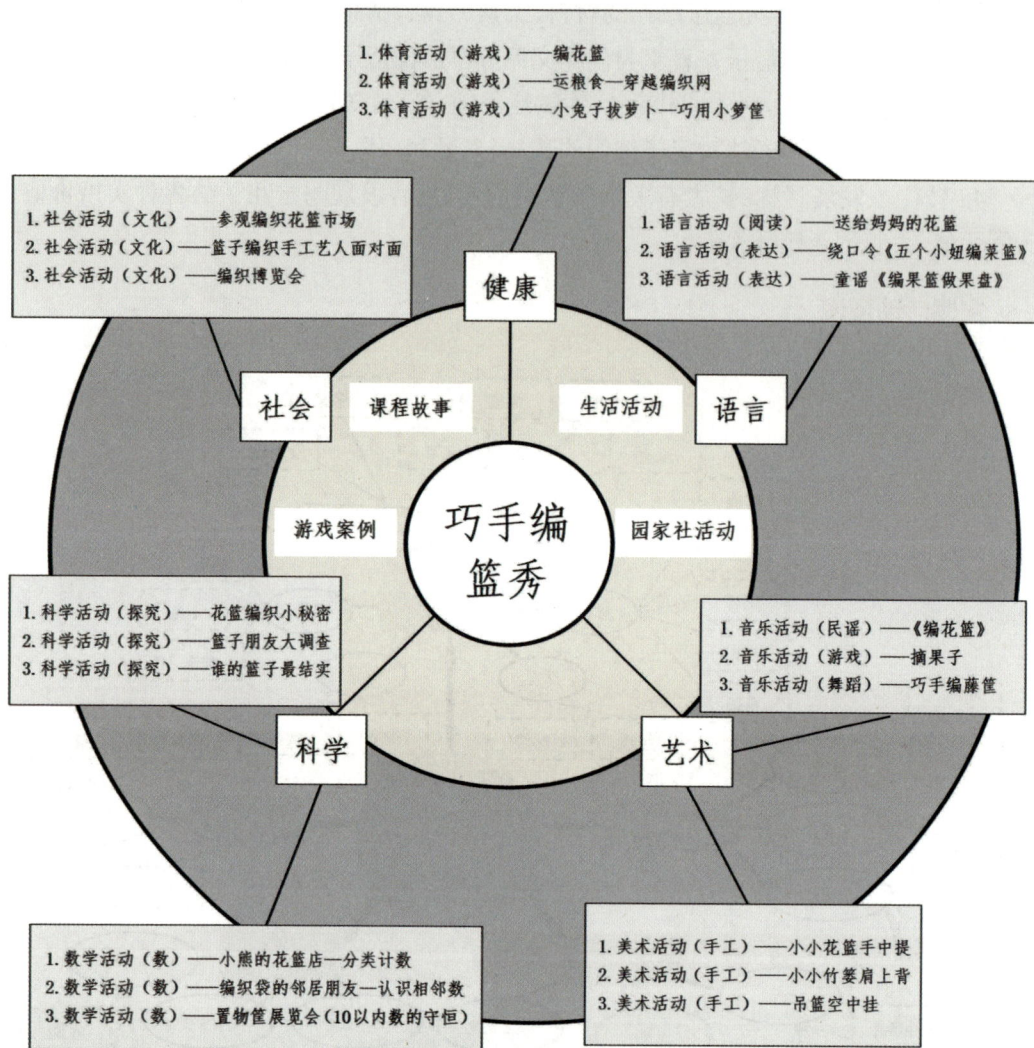

图 3-2　主题活动范围图

1.体育活动（游戏）——编花篮
2.体育活动（游戏）——运粮食—穿越编织网
3.体育活动（游戏）——小兔子拔萝卜—巧用小箩筐

1.社会活动（文化）——参观编织花篮市场
2.社会活动（文化）——篮子编织手工艺人面对面
3.社会活动（文化）——编织博览会

1.语言活动（阅读）——送给妈妈的花篮
2.语言活动（表达）——绕口令《五个小妞编菜篮》
3.语言活动（表达）——童谣《编果篮做果盘》

健康

社会　课程故事　生活活动　语言

游戏案例　园家社活动

巧手编
篮秀

1.科学活动（探究）——花篮编织小秘密
2.科学活动（探究）——篮子朋友大调查
3.科学活动（探究）——谁的篮子最结实

1.音乐活动（民谣）——《编花篮》
2.音乐活动（游戏）——摘果子
3.音乐活动（舞蹈）——巧手编藤筐

科学

艺术

1.数学活动（数）——小熊的花篮店—分类计数
2.数学活动（数）——编织袋的邻居朋友—认识相邻数
3.数学活动（数）——置物筐展览会（10以内数的守恒）

1.美术活动（手工）——小小花篮手中提
2.美术活动（手工）——小小竹篓肩上背
3.美术活动（手工）——吊篮空中挂

主题活动设计

第一周 趣享花篮编织

活 动 一 体育活动（游戏）——编花篮

▶ **活动意图**

"编花篮"是我国经典民间传统的体育游戏,深受幼儿的喜爱。中班幼儿正处于身体动作发展的关键时期,他们活泼好动,喜欢尝试新鲜有趣的活动。编花篮游戏中幼儿一边说着朗朗上口的童谣,一边与同伴合作将腿相互搭好,形成"花篮"状,进行单脚跳练习,发展动作平衡,锻炼腿部力量,提高跳跃能力,感受民间传统游戏的趣味,体验游戏的快乐,促进幼儿身心的健康发展,激发编花篮的兴趣。

▶ **活动目标**

1. 感受民间传统游戏的趣味,遵守游戏规则,激发热爱传统民间游戏的情感。

2. 知道编花篮是我国传统民间游戏,发展身体平衡、单脚跳跃、合作游戏的能力。

3. 能单脚站立,将腿搭在其他人的腿上,形成一个"花篮"圆圈进行单脚跳跃。

▶ **活动准备**

1. 知识准备:了解爸爸妈妈小时候玩的体育游戏,初步了解"编花篮"游戏的童谣与玩法。

2. 物质准备:热身音乐与《编花篮》音乐、呼啦圈、花篮若干。

3. 环境准备:地面平整空旷的游戏场地。

▶ **活动建议**

1. 创设情景,激发幼儿兴趣,播放音乐进行热身。

今天天气可真好,兔宝宝们跟着兔妈妈挎着花篮出去采花吧!

2. 练习单脚跳,引导幼儿保持身体平衡。

重点指导:(1)引导幼儿尝试左右脚分别进行单脚跳。

(2)鼓励幼儿能够保持平衡,可以逐渐增加跳的距离和时间。

3. 介绍编花篮游戏规则、玩法,尝试与同伴合作游戏。

(1)这么多的花我们装不下,需要小兔子们变成一个大花篮一起装花。

(2)邀请三位幼儿进行游戏示范,将腿相互搭好,形成"花篮"状。其中一名幼儿单脚站立,将自己的一条腿搭在旁边一名幼儿的腿上,然后依次将腿搭在其他人的腿上,形成一个"花篮"圆圈。

(3)边唱童谣,边进行编花篮游戏。

4. 播放音乐,进行身体放松和腿部拉伸。

小兔子们的花篮编得又大又结实,在你们的帮助下我们采回来好多花,跟着兔妈妈一起回家装扮房间吧!

▶ 活动延伸

鼓励幼儿户外活动时与同伴进行游戏,编更大的花篮;回家和爸爸妈妈一起唱童谣、玩游戏。

附游戏图片

图 3-3 编花篮游戏

活动二 语言活动(阅读)——《送给妈妈的花篮》

▶ 活动意图

绘本故事《送给妈妈的花篮》讲述的是小班尼兔为妈妈制作了一个漂亮的花篮,向幼儿传达了对母亲表达爱意的积极信息。《3~6岁儿童学习与发展指南》指出:"能根据连续画面提供的信息,大致说出故事的情节。"中班幼儿讲述比较连贯,此活动让幼儿了解班尼兔为妈妈编织花篮表达关爱的方式,鼓励幼儿大胆讲述,培养幼儿的观察力、想象力和语言表达能力。鼓励幼儿像班尼兔一样编织自己喜欢的花篮送给妈妈,表达关爱,感受花篮编织的快乐。

▶ 活动目标

1. 感受花篮编织带来的乐趣,鼓励幼儿像班尼兔一样为妈妈编织漂亮花篮表达爱意。

2. 观察画面,理解故事内容,知道班尼兔为妈妈编织花篮表达关爱的方式。

3. 能够讲述绘本中的主要情节,简单续编故事。

▶ 活动准备

1. 知识准备:幼儿事先对花篮编织有一定的认识和了解。

2. 物质准备:《送给妈妈的花篮》绘本,课件。

3. 环境准备:布置阅读角,摆放舒适的坐垫和书架,放置与绘本内容相关的编织物品的图片或实物花篮、编织材料。

▶ **活动建议**

1. 结合生活经验谈话,出示课件"班尼兔和妈妈",激发兴趣。

组织幼儿谈话:鼓励幼儿积极表达,说出自己向妈妈表达爱的方式。

2. 观察绘本,挖掘细节,欣赏故事,理解班尼兔为妈妈编织漂亮花篮表达爱的故事内容。

提问:(1)班尼兔们在哪里玩耍?森林里有什么?是什么样子的?

(2)班尼兔们会用什么来编织花篮?如果是你编花篮,你会用什么材料来编?为什么?

(3)班尼兔们用树藤编花篮,可以用什么编织方法?你会对它们说什么?

(4)它们编花篮的心情怎么样?丰富词:兴致勃勃——兴趣浓厚,情绪高昂。

(5)班尼兔们给妈妈送花篮时是怎样说的?妈妈怎样说的?

3. 师幼共同完整讲述绘本,感受编花篮、送花篮的快乐。

(1)结合课件画面,共同讲述。

(2)提问:送给妈妈花篮后,班尼兔和妈妈们会用花篮做什么有趣的事情呢?鼓励幼儿发挥想象,简单续编故事。

4. 融情激励,经验迁移,激发幼儿向妈妈表达爱的情感。

提问:你会送给妈妈一个什么样的花篮?鼓励幼儿说出送给妈妈花篮的作用和想法。

▶ **活动延伸**

表演区投放相关材料,幼儿进行绘本故事创编表演;引导幼儿回到家做力所能及的事情向妈妈表达关爱。

附绘本故事

图 3-4　《送给妈妈的花篮》故事图

送给妈妈的花篮 ①

森林里的春天到来了,小飞虫们从这朵花儿飞到那朵花儿上。知更鸟兴高采烈地在树枝上唱歌。它们叽叽喳喳,热闹极了。

小班尼兔们早早起床,准备开始新的一天。他们蹦蹦跳跳地来到森林里玩耍。这时,桑普突然说道:"我们编一个漂亮的花篮送给妈妈吧?"大家觉得这个主意真不错,于是分头行动起来。

沙-沙-沙-沙!桑普去摘做花篮的树藤,一不小心扯动了鸟儿的家。"噢,对不起!"他连忙对鸟妈妈说。不一会儿,小班尼兔们就找好了需要的树藤,大家开始兴致勃勃地编起来。

调皮的小花栗鼠也凑了过来,好奇地打量着他们。不一会儿,花篮就编好了。"不过,好像还差点什么?"桑普说。"鲜花!怎么样"黛西大声建议道。这个提议不错,大家纷纷摘来了菊花,百合还有三叶草……

找好花儿后,桑普和姐妹们立刻开始装扮花篮。这时,草地鸟飞到树枝上唱起了歌儿。但是,小班尼兔们依然认真地忙碌着,他们要送给妈妈最漂亮的花篮。忙碌了半天,漂亮的花篮慢慢成形了,不过好像还少点什么。

卓思想了想,大声说:"浆果,怎么样。""哦,太好了,妈妈喜欢浆果。"瑞尔立刻跳起来。于是,桑普和姐妹们采来了很多很多浆果。终于,漂亮的花篮做好了!桑普和姐妹们捧着花篮往家走。

桑普老远就看见妈妈,连忙大声说:"妈妈,送给你!"妈妈看着花篮高兴极了!她抱起桑普和姐妹们,亲了又亲……"我们爱你,妈妈!""我也爱你们,孩子们!"妈妈幸福地回答。

活动三 社会活动(文化)——参观编织花篮市场

▶ 活动意图

《幼儿园教育指导纲要(试行)》中指出:"充分利用社会资源,引导幼儿实际感受祖国文化的丰富与优秀。""参观编织花篮市场"活动将带领幼儿亲临编织花篮现场,欣赏形态各异的编织花篮,亲身感受传统民间手工艺的魅力。后期通过谈话、观看视频,了解花篮的历史、起源、发展、影响,增进幼儿对编织花篮文化的了解,感受中国人的智慧,激发幼儿对传统花篮编织手工艺的兴趣和热爱,愿意成为传统文化的传承人。

▶ 活动目标

1. 感受传统手工艺编织花篮的魅力,激发对花篮编织的兴趣与热爱。
2. 初步了解花篮编织的历史、起源、发展和影响,欣赏不同花篮的造型、种类和特点。
3. 能通过表征的形式记录对花篮编织的认识与了解,愿意与同伴分享自己的发现。

---

① 美国迪士尼公司《送给妈妈的花篮》,湖北少年儿童出版社 2012 年版。

▶ **活动准备**

1. 知识准备：对花篮有一定的生活经验。

2. 物质准备：参观花篮市场表征图、画笔；课件视频。

3. 环境准备：联系花篮市场，协调相应事宜。

▶ **活动建议**

1. 结合生活经验谈话，唤起幼儿已有经验，激发参观兴趣。

小朋友，花篮的造型各种各样，让我们去花篮市场参观一下吧！

2. 参观花篮市场，欣赏各种花篮，感受花篮编织的美丽与多样。

（1）提问：花篮市场的花篮各种各样，你看到了什么样的花篮？它们是什么样子的？

（2）请市场工作人员对不同的花篮进行介绍讲解。

（3）引导幼儿大胆同工作人员进行交流，提出自己的问题。

3. 记录表征，鼓励幼儿将发现和感受与同伴进行分享交流。

在这里你有什么感受？都有哪些发现？请小朋友们把自己看到的、想到的记录下来吧。

4. 回班观看视频，拓展知识经验，初步了解花篮编织的历史、起源、发展和影响。

（1）提问：你们知道编织花篮最早出现在哪里吗？最初的花篮是用什么材料进行的编织？人们一开始用花篮来干什么？后来花篮又可以用来做什么？

（2）出示图片，感受古人的智慧与传统手工艺的魅力，激发幼儿对编织的兴趣与热爱。

小结：草、麦秆、竹子等随处可见的植物，通过人们的巧手与智慧摇身一变成了漂亮实用的花篮，我们中国人可真棒，灵巧的手工艺值得我们所有人去传承！

▶ **活动延伸**

活动区投放相关图片资料，幼儿间交流分享；回家和爸爸妈妈交流参观体会，进行表征记录。

附调查表、图片

图 3-5 花篮调查表

图 3-6 幼儿欣赏花篮

图 3-7　花篮欣赏图

图 3-8　花幼儿做记录

活动四　科学活动(探究)——花篮编织小秘密

活动意图

《3~6岁儿童学习与发展指南》指出:"幼儿科学学习的核心是激发探究兴趣,体验探究过程,发展初步的探究能力。"进入中班编织由平面过渡到立体,幼儿对立体的花篮编织充满了好奇心和探究欲望,因此"花篮编织小秘密"活动将引导幼儿运用多种感官、多种方式探究花篮编织的方法、种类和工具,鼓励他们大胆提出问题,发表不同意见,培养幼儿探究发现花篮编织小秘密的态度和能力,让幼儿感受传统花篮手工艺的魅力,为后面编织花篮做好铺垫。

活动目标

1. 积极主动地参与探索花篮编织活动,对花篮编织产生浓厚兴趣。

2. 了解花篮编织的制作过程,知道编织种类、材料、工具和方法。

3. 能通过观察、表征、归类等方式进行花篮编织秘密的探究,乐于交流分享探索过程和结果。

活动准备

1. 知识准备:提前让幼儿观察收集来的各种编织花篮。

2. 物质准备:课件;收集各种编织花篮,多种编织工具,多种编织材料;记录表格,笔。

3. 环境准备:布置一个充满编织元素的编织花篮坊,展示各种编织花篮作品的实物和图片。

活动建议

1. 创设"编织花篮工坊"的情境,激发幼儿探究编织花篮的兴趣。

提问:今天我们来到了编织花篮工坊,你们看到了什么?这些花篮是怎么做出来的?

2. 幼儿观看视频,了解中国传统花篮编织的工艺和流程。

观看视频,深入了解花篮制作的原理、种类、材料、工具、方法。

种类:纸编花篮、绳编花篮、竹编花篮、藤编花篮、草编花篮。

材料:麻绳、草、藤条、竹条。

工具:木片、纸盘、木条、细管、支架。

方法:穿插编织、上下交叉、三股编。

3. 展示幼儿的表征记录表,进行分享交流。

提问:你发现了哪些编织花篮种类?编织花篮用到哪些材料?编织花篮需要哪些工具?

你记录了哪些编织方法?

4. 融情激励,激发幼儿进一步深入探究编织花篮的兴趣和愿望。

鼓励幼儿大胆说出自己心中的疑问和想要知道的知识,并提问:对于花篮编织你还有什么问题想要知道、了解呢?

⬡ 活动延伸

通过阅读书籍、观察图片实物、动手操作来进一步探究发现,做一个编织花篮的知识小博士。

附编织材料、工具、方法图片、调查表

图 3-9 编织材料

图 3-10 编织工具

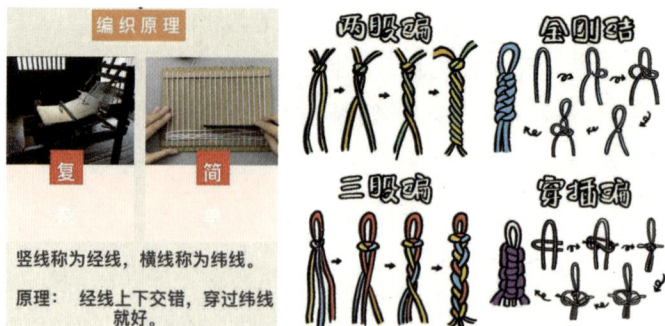

图 3-11　编织方法

表 3-1　编织调查表

花篮编织小秘密

班级　　　　　　姓名

种类	
材料	
工具	
方法	

活动五　数学活动（数）——小熊的花篮店（分类计数）

活动意图

中班幼儿学习分类计数,对他们学习数学和发展智力具有重要的意义。《3～6岁儿童学习与发展指南》指出:"鼓励幼儿按照物体量的特征分类整理。"由此"小熊的花篮店（分类计数）"活动,通过创设小熊花篮店的游戏情境,引导幼儿尝试根据"花篮"的材料、颜色、形状和大小帮助小熊整理货架,进行分类,准确计数,并能按自己的需求进行"买卖"活动,发展观察分析能力,提高逻辑思维能力,体验参与编织花篮整理、分类计数活动的乐趣,感受帮助别人的快乐。

活动目标

1. 乐于参与编织花篮整理活动,体验分类计数的乐趣,激发助人为乐的情感。

2. 能按事物的不同特征进行分类计数,并能按自己的需求进行"买卖"活动。

3. 尝试根据"花篮"的材料、颜色、形状和大小整理货架,并能准确计数,用语言讲述分类计数操作过程以及结果。

活动准备

1. 知识准备:幼儿对事物特征有初步的认知,理解 10 的形成概念和实际意义。

2. 物质准备:课件,操作材料,3 组花篮,花篮展柜,1～10 数字卡片。

3. 环境准备:创设小熊的花篮店,营造活动氛围。

活动建议

1. 创设情境,激发幼儿学习分类计数的兴趣。

(1)小熊的花篮店里的花篮有什么不同?

(2)这样摆放会有什么问题?小熊不能很快地找到客人所需要的花篮。引导幼儿帮助小熊整理货架。

2. 幼儿操作材料,尝试根据"花篮"的材料、颜色、形状和大小整理货架,并能准确计数。

提问:怎样整理能让小熊更快地找到顾客想要的"花篮"?

小结:小朋友可以根据不同"花篮"的材料、颜色、形状和大小整理货架,并数出数量,贴上相应的数字。

3. 幼儿用语言讲述分类计数操作过程以及结果,交流分享自己的探究。

提问:你是怎样帮小熊整理货架?小熊会怎样说?你会说什么?

4. 组织幼儿分组进行"买花篮"的游戏,体验帮助别人的快乐。

(1)出示花篮货架,师幼分别扮演不同角色,进行"买花篮"的游戏。

(2)幼儿分组游戏,巩固按"花篮"的材料、颜色、形状、大小分类计数的能力。

提问:今天你的心情怎么样?为什么?引导幼儿体验帮助别人的快乐。

活动延伸

活动区创设"小熊花篮店",鼓励幼儿按事物不同特征进行分类计数,并学习使用礼貌用语。

活动六 音乐(民谣)——《编花篮》

活动意图

《编花篮》是一首具有浓郁河南地方特色的传统民谣。《3～6 岁儿童学习与发展指南》中指出:"经常唱唱跳跳,愿意参加歌唱、律动、舞蹈、表演等活动。"中班幼儿在音乐感知和表现方面有了一定的基础,在此次活动中通过视觉、听觉、肢体动作等多感官,感受传统民谣的独特韵味,在学唱歌曲的基础上添加舞蹈动作,激发幼儿对民间音乐的喜爱与兴趣,同时发展幼儿的音乐创造力与表现力,萌发幼儿爱编织、爱劳动的美好情感。

活动目标

1. 体验歌曲中所表达的欢乐情绪,萌发爱编织的兴趣,激发爱劳动的情感。

2. 初步唱出"编花篮"传统民谣的风格韵味,并尝试根据歌词内容进行简单的动作创编。

3. 掌握前倚音和下滑音的演唱方式,唱出甩腔的民谣特点。

活动准备

1. 知识准备:对花篮编织有一定的认知和了解。

2. 物质准备：课件，民谣演唱视频、民谣音频。

3. 环境准备：在活动室摆放多种样式的花篮，营造与活动相适宜的氛围场景。

▶ 活动建议

1. 难点前置，进行发声练习，引导幼儿唱出前倚音和下滑音。

2. 欣赏民谣《编花篮》，聆听歌曲旋律，感受河南民谣独特的风格韵味。

（1）第一遍清唱，幼儿欣赏，感受风格，提问：这首歌曲和你以往听到的歌曲有什么不同？

（2）第二遍配乐欣赏：你们在音乐中都听到了什么？

3. 幼儿演唱民谣，尝试根据歌词内容进行简单的动作创编，表现民谣的欢快热烈。

（1）带领幼儿有节奏地朗诵歌词，重点强调歌词中的节奏和韵律。

（2）学唱甩腔，引导幼儿体会衬词的作用。

（3）练习前倚音和下滑音的演唱方式。

（4）幼儿完整跟唱歌曲，唱出音量与音色的变化。

（5）多种形式演唱歌曲，"领唱、齐唱、轮唱"等形式激发演唱兴趣。

（6）鼓励幼儿根据歌词内容添加适宜的舞蹈动作：这首歌曲听上去心情是怎样的？你要用什么样的声音、动作和表情来表现快乐的心情？

4. 融情激励，激发幼儿爱编织、爱劳动的美好情感。

▶ 活动延伸

将花篮放置在表演区，区域活动时鼓励幼儿运用多种形式表演唱，唱出河南民谣的韵味。

附乐谱

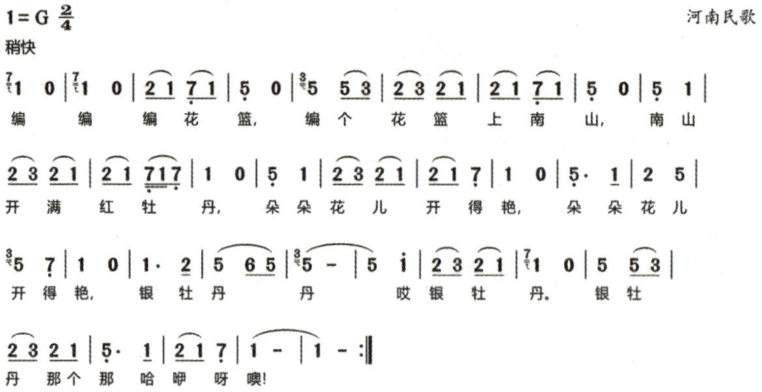

图 3-12 《编花篮》乐谱

活动七 美术活动(手工)——小小花篮手中提

▶ 活动意图

《3～6岁儿童学习与发展指南》中指出:"提供丰富的便于幼儿取放的材料、工具或物品,支持幼儿进行自主绘画、手工、歌唱、表演等艺术活动。"由此,"小小花篮手中提"活动中,加入辅助材料纸盘、木棍,结合麻绳,幼儿利用已有的编织经验,进行花篮编织创作,学习缠绕编织的方法,培养幼儿的耐心和专注力,体验利用辅助材料进行组合编织的乐趣,进一步激发幼儿对花篮编织活动的兴趣和创作愿望。

▶ 活动目标

1. 体验加辅助材料编织花篮的创作乐趣,感受不同花篮的美丽,养成做事认真专注的好习惯。

2. 了解缠绕编织的方法,知道木棍、纸盘辅助制作可以让花篮更结实。

3. 能够利用麻绳、纸盘、木棍、辅助材料材料,组合完成花篮编织。

▶ 活动准备

1. 知识准备:知道正确使用剪刀、胶水的方法。

2. 物质准备:课件;足够数量的麻绳、纸盘、木棍、剪刀、胶枪等;纯音乐、图片等。

3. 环境准备:创设"给动物朋友送花篮"情境,营造氛围。

▶ 活动建议

1. 出示多媒体动画,与小猫视频互动,激发幼儿活动兴趣。

小朋友们,今天是小熊的生日,让我们一起做一个漂亮的花篮送给它吧!

2. 出示花篮作品,了解缠绕编织方法,探究编织与辅助材料相结合的方法。

(1)提问:请你们仔细观察,看看这个花篮除了编织藤条还有什么材料?

(2)小结:花篮中还添加了其他材料——纸盘、木棍、麻绳,这样编织可以使花篮变得更加结实牢固。

(3)提问:怎样才能做出结实好看的花篮呢?

小结:首先我们要将纸盘周围粘上木棍,分成数份。分开的木棍作为花篮的支柱,将编织麻绳有规律地进行缠绕,最后进行定型,美丽的花篮就做好啦。

3. 播放音乐,幼儿尝试操作,教师巡回指导。

(1)鼓励幼儿将多种材料进行结合使用。

(2)指导幼儿围绕木棍一前一后有规律地缠绕。

(3)提示幼儿小心使用剪刀等工具,注意安全。

4. 作品展示,相互欣赏,鼓励幼儿向小动物送出编织花篮,表达祝福。

播放多媒体动画,与小动物视频互动。

▶ 活动延伸

美工区投放相关编织材料、辅助材料,引导幼儿在美工区里设计、编织不同的立体花篮。

附编织工具、材料、方法图片

图 3-13 教师引导幼儿观察

图 3-14 借助辅助材料编织

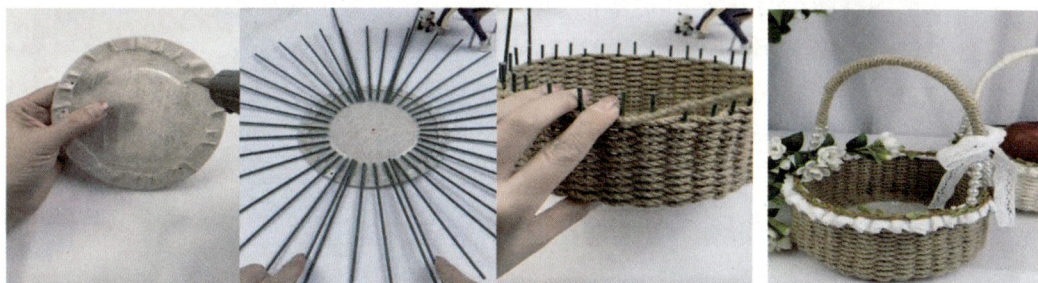

图 3-15 借助辅助材料编织

图 3-16 作品展示

第二周 篮子朋友大聚会

活动一 体育活动(游戏)——运粮食(穿越编织网)

活动意图

《3～6 岁儿童学习与发展指南》指出:"能以匍匐、膝盖悬空等多种方式钻爬和能助跑跨跳过一定距离。"中班幼儿正处于身体动作发展的关键时期,在游戏中幼儿能以正确的姿势进行匍匐前进,并结合跨跳等多种方式进行比赛。发展幼儿动作的协调性和灵活性,感受与同伴合作游戏的乐趣,培养幼儿勇敢、坚持的良好品质。同时幼儿用前期自己动手制作的篮子进行"蚂蚁搬豆"游戏,体验花篮编织乐趣,进一步激发幼儿对篮子编织的兴趣。

活动目标

1. 感受小蚂蚁运粮食穿越编织网的乐趣,养成团结合作、勇敢坚持的好品质。

2. 理解游戏玩法,遵守游戏规则进行接力游戏。

3. 能趴在地上,用手臂和腿的力量以正确的姿势匍匐前进,结合跨跳等多种方式进行比赛。

▶ **活动准备**

1. 知识准备：有自我保护的意识和经验。

2. 物质准备：幼儿自己制作的小提篮,热身音乐与游戏音乐,编织网,不同高度的障碍物。

3. 环境准备：地面平整空旷的游戏场地。

▶ **活动建议**

1. 创设小蚂蚁运粮食情境,播放音乐进行热身。

今天小蚂蚁们要一起运粮食啦,我们就用自己编织的小篮子来运粮食吧。

2. 介绍"小蚂蚁运粮食"的游戏规则与玩法,教师进行游戏示范。

提问：粮食在遥远的山另一边,想要拿到粮食我们需要穿过哪些障碍呢?

小结：出发前我们要拿好编织篮用来装粮食,编织网的位置我们需要匍匐前进,还要跨过重重障碍物最终才能获取到粮食。

3. 进行"小蚂蚁运粮食"接力游戏,幼儿练习匍匐前进动作和跨跳动作。

（1）匍匐前进的时候身体趴在地上,用手臂和腿的力量向前移动,注意要压低身体,不能碰到上面的绳子。

（2）跨跳时先助跑一段距离,然后单脚起跳,双脚落地,注意要跳过障碍物,不能碰到它。

（3）请个别幼儿进行游戏示范,提醒幼儿游戏规则,到达终点后与下一位幼儿击掌,下一位幼儿出发,最先完成的小组获胜。

（4）播放音乐,进行"运粮食"接力游戏,对幼儿的动作标准进行及时观察与调整。

4. 播放音乐放松,教师带领幼儿做放松运动,如深呼吸、拍打腿部肌肉等。

▶ **活动延伸**

在户外活动时鼓励幼儿继续与同伴进行"运粮食"游戏,练习匍匐前进动作。

活动二　语言活动（表达）——绕口令《五个小妞编菜篮》

▶ **活动意图**

绕口令是儿歌中的一种特殊形式,形式活泼、诙谐幽默、形象有趣。《五个小妞编菜篮》讲述了五个小妞大热天在歪脖树下编织不同菜篮的趣事。绕口令由语音相近、容易混淆的字"天""伞""篮"构成,又有"妞儿"等儿化音,句式工整,快速朗诵能够产生幽默感和趣味性。中班幼儿吐字发音越来越准确,通过诵读,幼儿感受体验绕口令带来的乐趣,激发幼儿说绕口令的兴趣,训练反应灵敏,增强记忆力,锻炼口齿清楚的口语表达能力。

▶ **活动目标**

1. 体验绕口令编菜篮带来的乐趣,激发幼儿说绕口令的兴趣和对编菜篮的喜爱。

2. 训练反应灵敏,锻炼认真倾听和口齿清楚地表达的能力。

3. 发准"天""帘""蓝"相近音的字和"妞儿、天儿、篮儿、底儿、边儿"的儿化音,初步学会绕口令。

活动准备

1. 知识准备:幼儿事先对绕口令有一定的认识和了解。

2. 物质准备:头饰,绿菜篮儿,红菜篮儿,黄菜篮儿,带蓝点儿的白菜篮儿,彩菜篮儿,金话筒,课件。

3. 环境准备:布置"绕口令"语言角,创设 PK 台,放置金话筒与绕口令中相关的头饰、图片或菜篮实物。

活动建议

1. 情境导入介绍角色,设置悬念激发幼儿好奇心和兴趣。

引导幼儿和客人打招呼,发准"妞儿"的儿化音。

2. 教师示范朗诵绕口令,理解绕口令的内容,发现绕口令的特点。

(1)教师第一遍朗诵,幼儿欣赏。

提问:这篇绕口令的名字叫什么? 和以往的儿歌有什么不同? 五个妞儿在做什么有趣的事情?

(2)教师第二遍朗诵,幼儿寻找儿化音。

提问:五个妞儿编了什么样的菜篮儿? 这些"菜篮儿"的发音和平时有什么不一样? 还有哪些字有儿化音?

(3)教师第三遍朗诵,幼儿寻找相近音。

提问:绕口令里哪些字发音相近? 引导幼儿准确说出"天""帘""蓝"的发音。

3. 结合课件、头饰和菜篮,幼儿代入角色念绕口令,感受绕口令的诙谐有趣。

(1)由慢及快念绕口令,循序渐进练习发音表达。

(2)幼儿戴上头饰,代入大妞儿、二妞儿、三妞儿、四妞儿、五妞儿角色念绕口令。

4. 情境表演,体验绕口令编菜篮带来的乐趣。

颁发金话筒,鼓励幼儿大胆说绕口令,体验绕口令带来的乐趣。

活动延伸

创设比赛台,放置金话筒与绕口令中相关的头饰、图片或花篮实物,幼儿进行绕口令比赛。

附绕口令

五个小妞编菜篮

大热天儿,挂竹帘儿,
歪脖树下五个小妞儿编菜篮儿。
大妞儿编了个绿菜篮儿,
二妞儿编了个红菜篮儿,

三妞儿编了个黄菜篮儿，

四妞儿编了个带蓝点儿的白菜篮儿，

五妞儿编了个不大不小、红底儿、黄边儿的彩菜篮儿。

活动三　社会（文化）——与篮子编织手工艺人面对面

▶ 活动意图

中国非物质文化遗产是中华民族智慧与文明的结晶，篮子编织的传承和发展离不开传统手工艺人的努力和执着。《3～6岁儿童学习与发展指南》指出："带幼儿观看或共同参与传统民间艺术和地方民俗文化活动。"由此，在"篮子编织手工艺人面对面"活动中篮子编织的手工非遗传承人将走进幼儿园，与小朋友进行面对面的交流和展示。让幼儿直观感受非遗文化的魅力，激发幼儿对传统文化的兴趣和尊重，激发幼儿的民族自豪感和传承意识。

▶ 活动目标

1. 感受非遗传承人的专注和坚持，激发对非遗传承人的敬意，培养对中华传统文化的热爱。

2. 知道篮子编织是我国的非物质文化遗产，向手工艺人学习编织技艺，了解编织知识。

3. 能大胆向手工艺人提出自己的问题，观察和学习篮子编织的基本技巧，尝试与手工艺人共同编织。

▶ 活动准备

1. 知识准备：知道非物质文化遗产是我国人民智慧的结晶和宝贵的财富。

2. 物质准备：邀请编织篮子的手工艺人到现场；幼儿自制篮子作品、准备展示台，用于摆放传承人带来的篮子成品、编织工具和材料。

3. 环境准备：布置"篮子编织手工艺人面对面会客区"。

▶ 活动建议：

1. 创设情境，欢迎篮子编织非遗传承人进幼儿园，激发幼儿兴趣。

欣赏篮编织非遗传承人的作品：看到这些琳琅满目、丰富美丽的编织篮子，你有什么感受？

2. 篮子编织手工艺人与幼儿面对面交流，分享故事，讲解知识。

（1）手工艺人讲述自己与篮子编织的故事，引发幼儿的好奇和关注。

（2）手工艺人将带来的篮子成品展示给幼儿，讲解它们的作用和特点。

（3）鼓励幼儿大胆向手工艺人提出自己的问题，同手工艺人互动交流。

3. 邀请篮子编织手工艺人进行现场编织展示，感受传承人的高超技艺与篮子编织的不易。

欣赏手工艺人进行现场编织。

现场互动：与手工艺人共同编织篮子。

4. 向非遗传承人送上自己制作的篮子礼物,激发做篮子编织的传承人的情感。

看到了传承人的高超技艺,你想对篮子编织非遗传承人说什么?

鼓励幼儿自由表达对篮子编织非遗传承人的喜爱和感谢,并送上自己编织的篮子。

(3)小结:中国非物质文化遗产是中华民族智慧与文明的结晶,我们要向非遗传承人学习这种持之以恒的精神,做篮子编织的小小传承人。

活动延伸

鼓励幼儿拿着自己编织的作品,到社区进行编织非物质文化遗产的宣传,交流互动,赠送祝福。

附图片

图 3-17　手工艺人编织作品欣赏图

活动四　科学活动(探究)——篮子朋友大调查

活动意图

"篮子朋友大调查"活动将带领幼儿走进一个广阔的篮子世界,在这个世界里,幼儿将运用收集、整理、分类、记录等方式展开篮子调查,发现生活中其他形态各异、功能不同的"篮子朋友",以及它们之间的明显关联。在操作探究的过程中与新经验相融合,拓宽视野,感知"篮子朋友"与自己生活的密切关系,体验它们给生活带来的影响和便利。进一步感受中国民间传统手工艺的博大精深,激发进一步探究编织篮子的愿望。

活动目标

1. 感知"篮子朋友"与自己生活的密切关系,体验它们给生活带来的影响和便利。

2. 了解生活中其他形态各异、功能不同的"篮子朋友",以及它们之间的明显关联。

3. 运用收集、整理、分类、记录等方式开展"篮子朋友"大调查,并与同伴交流分享自己的发现。

活动准备

1. 知识准备:调查幼儿园、家里、超市里的各种"篮子朋友"。

2. 物质准备:课件,编织菜篮、编织收纳盒、编织手提袋,记录表格,笔。

3. 环境准备：布置一个"篮子朋友大聚会展馆"，活动后展示各种"篮子朋友"的图片和实物。

▶ **活动建议**

1. 创设"篮子朋友大调查"情境，激发幼儿探究兴趣。

提问：我们的编织篮子有很多的好朋友，它们都是谁？又有什么小知识和小秘密呢？

2. 幼儿结合自己搜集来的"篮子朋友"，表征记录，交流分享。

（1）提问：你身边都有哪些"篮子朋友"？这些编织菜篮、编织收纳盒、编织手提袋等是用什么材料制作的？用这些材料编织有什么好处？它们都可以用来干什么？

用到了什么编织工具？什么编织方法？

（2）引导幼儿表征记录"篮子朋友"的种类、造型、工具、材料、方法和功能。

（3）观看视频，拓展经验。

3. 整理分类，动手布置"篮子朋友大聚会展馆"。

（1）师幼动手布置"篮子朋友大聚会展馆"。

（2）小朋友做小小讲解员，和大家分享"篮子朋友"的小奥秘。

▶ **活动延伸**

邀请幼儿园其他教师、小朋友参观展馆，并向其做介绍；鼓励幼儿回家向家人介绍篮子的秘密。

附编织图片、调查表

图 3-18　编织图片

表 3-2　"篮子朋友"调查表

篮子朋友大调查

班级　　　　　姓名

种类	
造型	
功能	
方法	

活动五　数学活动（数）——编织袋的邻居朋友（认识相邻数）

活动意图

认识 5 以内相邻数的关系,是幼儿形成数的概念的标志之一,相邻数的掌握会使幼儿知道自然数的顺序是一个固定不变的体系。中班幼儿的思维特点是以具体形象思维为主,已经初步理解 5 的形成概念和实际意义。"编织袋的邻居朋友（认识相邻数）"让幼儿在玩、想、做中主动探索自然数列中三者之间的数量多少、大小邻居、位置前后关系,在此基础上获得新经验,能为两个数找到共同的邻居,发展观察比较能力,锻炼思维的灵活性。

活动目标

1. 体验为编织袋找邻居朋友的乐趣,发展观察比较能力,锻炼思维的灵活性。

2. 认识 5 以内各数的相邻数,知道比某一个数少 1 和多 1 的两个数是这个数的相邻数,愿意与同伴表达操作结果。

3. 能大胆操作探索自然数列中三者之间的关系,能为两个数找到共同的邻居。

活动准备

1. 知识准备:幼儿初步理解 5 的形成概念和实际意义。

2. 物质准备:课件,编织袋卡片、展示柜（每位幼儿一套）,数字卡片,1～5 数字头饰,音乐《找朋友》。

3. 环境准备:创设编织袋的王国场景布置,营造活动情境。

活动建议

1. 创设游戏情境,激发幼儿探究相邻数的兴趣。

今天让我们在编织袋王国里,给那里的数字宝宝找邻居。

2. 探索 2、3、4 的相邻数,理解三者之间数量多少、大小邻居、位置前后的关系。

（1）提问:中间场地上有几个竹编编织袋? 2 的邻居是几和几? 为什么是 1 和 3 ?

（2）出示藤编编织袋课件:绿色藤编编织袋里有几朵花?用数字几表示?

3 的小邻居在哪边? 为什么? 3 的大邻居在哪边? 为什么?

小结:小邻居比中间数少 1,在前面;大邻居比中间数多 1,在后面。

（3）给竹编花篮数字 4 找邻居,感受相邻数在生活中的运用。

小结:两边花篮的编号是 4 的邻居 3 和 5,小邻居在前面,大邻居在后面。

3. 探索发现 5 的相邻数,巩固相邻数之间的关系。

（1）今天店里进了许多草编编织袋,需要摆放到柜里,阿姨忙不过来,我们一起来帮忙。

（2）提问:一共有几个柜子?中间的柜子里有几个编织袋?两边柜子的编织袋数量是 5 的邻居,应该摆放几个?

（3）幼儿分享交流操作的过程和结果,教师帮助幼儿提升经验。

4. 游戏:幼儿戴数字卡片找朋友。

▶ **活动延伸**

活动区投放相关材料,幼儿操作,探索自然数列中三者之间的关系,能为两个数找到共同的邻居。

活动六　音乐活动(游戏)——摘果子

▶ **活动意图**

《3～6岁儿童学习与发展指南》指出:"提供自由表现的机会,鼓励幼儿用不同艺术形式大胆地表达自己的情感。"活动中创设"摘果子"的游戏情境,伴随节奏明快的音乐旋律,幼儿结合生活经验,围绕主题展开想象,创编不同拿果篮的姿势和动作。通过提果篮、头顶果篮、揽果篮、挎果篮等想象动作进行采摘果子,感受感受生活与艺术的结合之美,体验音乐游戏的乐趣,发展想象力和创造力,提高节奏感和肢体协调能力。

▶ **活动目标**

1. 体验共同进行音乐游戏的快乐,激发劳动最光荣的情感,培养热爱劳动的良好品德。

2. 知道有多种拿果篮摘果子的动作与姿势,通过提果篮、头顶果篮、揽果篮、挎果篮等想象动作进行采摘果子。

3. 跟随音乐有节奏地转动手腕采摘果子,创编提、拿、顶、挎、揽果篮的各种不同动作。

▶ **活动准备**

1. 知识准备:对音乐节奏有一定的感知经验,认识生活中常见的果子。

2. 物质准备:音乐《摘果子》,课件。

3. 环境准备:创设一片果园情境。

▶ **活动建议**

1. 创设"摘果子泡茶"情境,引入活动主题,激发幼儿活动兴趣。

熊妈妈想要一些果子泡茶,我们帮助熊妈妈去摘果子。

2. 播放音乐,初步感知音乐旋律,引导幼儿通过拍手、跺脚等方式感知音乐节奏。

幼儿跟随老师围成圆圈,通过不同动作感受音乐的节奏与旋律。

3. 鼓励幼儿大胆想象创编拿果篮的不同姿势和摘果子的动作。

(1)鼓励幼儿用不同的动作表现摘果子的样子,并组织幼儿相互模仿、学习。

(2)播放音乐,教师用身体扮演果树,引导幼儿创编从不同方位采摘果子的动作,然后将这些动作舞蹈化,与基本步伐结合,形成完整的舞蹈。

(3)播放音乐,引导幼儿跟随音乐的节奏进行摘果子游戏。

(4)当音乐停止时,幼儿停止摘果子,和小熊妈妈互动,给小熊妈妈送果子。

4. 与熊妈妈互动,激发情感。

(1)今天帮助小熊妈妈摘果子,心情怎么样呢?

(2)熊妈妈特别感谢小朋友们的帮助,看到小朋友的果篮左手拿一会儿,右手拿一会儿,一会儿摘树上的果子一会儿摘地上的果子,你们可太能干啦!

> **活动延伸**

音乐区引导幼儿自由探索拿果篮的不同姿势,鼓励幼儿发挥想象力,做出更多摘果子的动作。

附音乐图谱

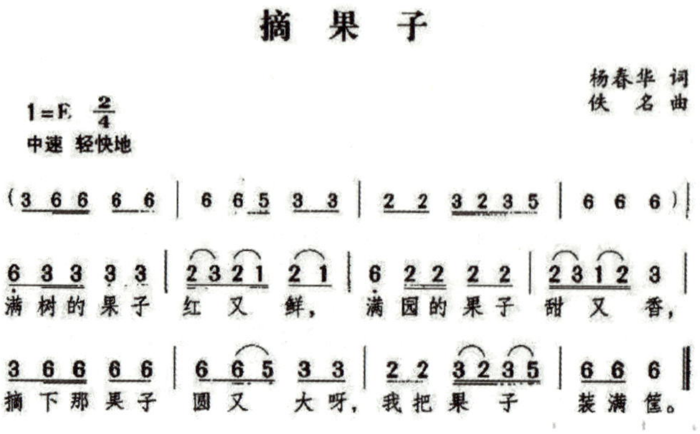

图 3-19 《摘果子》乐谱

活动七 美术活动(手工)——小小竹篓肩上背

> **活动意图**

中班幼儿已有平面编织经验,对于进一步探究使用更多材料与编法的立体编织萌发兴趣。《3～6 岁儿童学习与发展指南》指出:"中班幼儿能运用绘画、手工制作等表现自己观察到或想象的事物。""小小竹篓肩上背"活动引导幼儿初步探究立体编织的基本方法,掌握"十字编",了解"十字编"的美好寓意。培养幼儿的动手能力、创造力和审美能力,体验传统手工艺的魅力,激发幼儿对编织立体花篮的兴趣和热爱。

> **活动目标**

1. 感受立体编织活动的乐趣,培养不怕困难、敢于探究的品质,体验关爱小花猫的快乐。

2. 认识竹篓的基本结构,了解"十字编"的寓意和方法,大胆编织立体竹篓。

3. 掌握"十字编"的编织方法,按顺序编织竹篓底、竹篓身、竹篓提手。

> **活动准备**

1. 知识准备:了解竹篓编织的材料和种类。

2. 物质准备:竹条若干、竹编花篮成品、十字编步骤图、多媒体课件、纯音乐、桌布、剪刀。

3. 环境准备:摆放多种样式的竹篓。

▶ **活动建议**

1. 创设"给小猫送竹篓"情境,引起幼儿的编织兴趣。

小朋友们,小猫平时喜欢钓鱼,让我们一起做一个漂亮的竹篓送给它装鱼吧!

2. 观察竹篓的外形和结构,探究了解编织步骤,学习"十字编"编织法。

(1)提问:这个竹篓是什么样子的?是用什么材料编织的?竹篓上编织花纹像什么?花纹的正面是什么样的?另一面是什么样的?

(2)这种"十字编"是怎样编织出来的?

小结:先将两根竹条十字交叉摆放,然后将一根竹条在十字交叉处上下穿过另一根竹条,形成"十"字,依次重复编织。

(3)先编的哪里,后编的哪里?

小结:从底部开始,向上编织,每次交叉编织两根竹条,形成篮子的侧面,继续向上编织,直到达到所需的高度,可以根据需要调整竹条。

3. 幼儿动手编织花篮,教师巡回指导。

(1)每人领取适量的竹条,尝试自己编织竹篓的底部。

(2)指导幼儿大胆进行"十字编",按顺序编织。

4. 作品展示,相互欣赏,幼儿向小猫送竹篓。

▶ **活动延伸**

鼓励幼儿在美工区继续运用不同材料、编法,大胆创编不同款式的竹篓,幼儿间相互交流,分享编织经验。

附编织材料图片

图 3-20 编织材料

第三周 "千编万化"篮艺坊

活动一 体育活动(游戏)——小兔子拔萝卜(巧用小箩筐)

活动意图

《幼儿园教育指导纲要(试行)》中指出:"用幼儿感兴趣的方式发展基本动作,提高动作的协调性、灵活性。"中班幼儿动作发展越来越协调、灵活,"小兔子拔萝卜(巧用小箩筐)"是一个充满挑战与趣味的体育游戏,幼儿要灵活地躲避障碍物,避免与同伴发生碰撞,可以很好地锻炼幼儿的身体灵活性与协调性。用自己编织的箩筐进行游戏,提高了幼儿参加体育活动的兴趣,不断增强体质,提高对环境的适应能力。

活动目标

1. 体验用自己编织的箩筐进行游戏的快乐,培养积极参与体育锻炼的兴趣。

2. 理解游戏规则,锻炼身体灵活性与协调性。

3. 能灵活地躲避障碍物,快速奔跑,避免与同伴发生碰撞。

活动准备

1. 知识准备:知道小兔子要躲避老鹰的追捕。

2. 物质准备:小兔子拔萝卜音乐、老鹰飞来的音乐,独木桥、呼啦圈、轮胎桶、萝卜玩具若干,老鹰头饰2个,小兔子头饰和自己编织的箩筐。

3. 环境准备:地面平整空旷的游戏场地。

活动建议

1. 创设"小兔子拔萝卜"情境,激发兴趣,播放音乐进行热身。

2. 介绍游戏规则与玩法,教师与幼儿合作示范。

欢快音乐响起时,小兔子要提着箩筐在操场上寻找萝卜,当听到老鹰飞来的声音时,老师扮演的老鹰会出现追捕小兔子,小兔子要保护好自己的箩筐并且回到安全地(呼啦圈内),过程中要灵活躲避障碍物和同伴。

3. 播放音乐,组织幼儿进行游戏,小兔子灵活躲避老鹰的追捕。

(1)提醒幼儿拿好箩筐,灵活地躲避障碍物,快速奔跑,避免与同伴发生碰撞。

(2)提升难度,邀请幼儿与教师一起扮演老鹰,游戏规则不变。

(3)鼓励幼儿不畏困难,勇敢挑战,提醒幼儿要躲避两只老鹰,引导幼儿合作游戏,制定拔萝卜策略。

4. 播放音乐,放松环节,教师带领幼儿做放松运动,如深呼吸、拍打腿部肌肉。

小结:小兔子们今天的表现十分出色,不仅躲避了老鹰的追捕还拔了很多的萝卜。灵活的小兔子们都知道奔跑并保护好自己的安全,现在就跟着兔妈妈一起拔萝卜装满箩筐,回家做萝卜大餐吧!

▶ **活动延伸**

鼓励幼儿在户外活动中运用自己编织的小箩筐和小伙伴开展各种游戏活动,能灵活地躲避障碍物,快速奔跑。

活动二 语言活动(表达)——童谣《编果篮》

▶ **活动意图**

童谣《编果篮》童趣横生,情趣盎然,意境优美,想象丰富,节奏感强、有韵律,朗诵起来朗朗上口,符合中班幼儿的年龄特点,贴近幼儿的生活,易于幼儿理解和掌握。《幼儿园教育指导纲要》中指出"接触多种文学形式,初步培养幼儿对文学作品的理解、欣赏和表达的能力。"幼儿学习这首童谣,不仅能感受童谣的语言美和童趣,培养倾听习惯,发展语言理解能力,提高朗诵水平,还能进一步激发他们对探究果篮、进行果篮编织的兴趣和愿望。

▶ **活动目标**

1. 感受童谣中一家人在一起编果篮其乐融融的氛围,激发对家人的热爱。

2. 理解诗歌的内容,初步学习朗诵诗歌,能用动作表现对动词编、提、采的理解。

3. 能用声音、语气、动作、表情表现编果篮的有趣情景,尝试根据诗歌情节共同表演诗歌。

▶ **活动准备**

1. 知识准备:幼儿事先对果篮编织有一定的认识和了解。

2. 物质准备:代表小朋友、爸爸、妈妈、哥哥、姐姐的头饰,篮子,果子,课件。

3. 环境准备:布置"小小童谣朗诵家"语言角,创设朗诵小舞台,放置话筒以及与童谣相关的头饰、果子、果篮。

▶ **活动建议**

1. 情境导入,引导幼儿猜测大家会用果篮来做什么有趣的事情,激发幼儿兴趣。

提问:小朋友和爸爸、妈妈、哥哥、姐姐在干什么呢?

2. 教师朗诵诗歌,幼儿理解诗歌内容,丰富动词:编、提、采、戴。

(1)教师第一遍朗诵,幼儿欣赏。

提问:童谣的名字叫什么?都有谁在编果篮?果篮编好后是怎样分的?

(2)教师结合课件第二遍朗诵,幼儿理解诗歌内容。

提问:大家编好果篮后提着果篮去干什么?大家采了果子用来做什么呢?

(3)教师第三遍朗诵,丰富动词:编、提、采、戴。

3. 幼儿朗诵诗歌,能用声音、语气、表情表现编果篮的有趣情景,形象模仿编、提、采动作。

(1)通过互动课件,和幼儿一起运用多种形式朗诵童谣。

(2)替换图片中的果篮,运用配乐、对句、分组等形式朗诵童谣。

（3）戴上头饰，扮演角色，尝试根据诗歌情节共同表演诗歌。

4. 情感激发，感受果篮编织的快乐，激发果篮编织的兴趣。

提问：如果是你，你会怎样编果篮，会用编好的果篮做什么有趣的事情呢？

活动延伸

鼓励幼儿结合已有生活经验大胆想象、讲述自己与果篮的有趣事情，感受果篮编织的快乐。

附绕口令

编果篮

编、编、编果篮，
爸爸妈妈一起来，
编了几个大果篮。
你一个，我一个，
哥哥姐姐也一个。
大家提篮采果子，
采了果子做果盘。
你一口，我一口，
吃在嘴里甜心头。

活动三 社会活动（文化）——编织博览会

活动意图

篮子在孩子们的生活中可以插花、买菜、收集落叶，可以装玩具、图书、养宠物，还可以装饰家居、赠送亲朋好友，体现了丰富多彩的编织文化。《3～6岁儿童学习与发展指南》指出："幼儿知道国家的重大成就，能为自己是中国人感到自豪。"此活动设计了"编织展览会"的情境，运用现代化的信息技术方式，带领幼儿感知篮子种类繁多，拓展幼儿的视野，培养幼儿对编织篮子多元文化的理解和欣赏能力，体验身为中国人的自豪与骄傲。

活动目标

1. 感受编织篮子所承载的美好寓意，增进对传统文化的喜爱。

2. 知道编织篮子的种类、造型各异，功能应用，了解它的实用价值和欣赏价值。

3. 能够用简单的语言描述编织篮子的特点和用途，并向同伴送上自己的祝福。

活动准备

1. 知识准备：对编织篮子的发展历程有初步的了解。

2. 物质准备：搜集不同类型、风格的编织篮子，相关图片、视频资料。准备编织篮子介绍录音数个、平板电脑及耳机数个、自制博物馆门票、彩笔数只。

3. 环境准备:划分"编织篮子—生活用品厅""编织篮子—工艺品厅""编织篮子—纪念品厅"。

> 活动建议

1. 创设展览会情境,播放博览会提示语,激发幼儿活动兴趣。

今天我是带领大家参观编织博览会的讲解员,让我们一起出发吧。

2. 介绍展厅,幼儿自由参观,寻找喜欢的篮子,扫码了解相关知识。

(1)小朋友们自由参观,喜欢哪个篮子,就可以扫码了解它的小知识和小秘密。

(2)幼儿参观了解,表征、记录。

3. 共同进入展厅,逐一了解各个展厅编织篮子的种类、造型、功能。

(1)进入"生活用品厅":这里的篮子你喜欢哪一个? 它是什么样子的?

小结:它们是我们生活中的好帮手,给我们的生活带来了很多的便利。

(2)进入"工艺品厅":这些篮子的造型和款式都各不相同,你们能发现它们的区别吗?

小结:这些篮子用在开业、迎宾、会议、生日、婚礼等场合,象征着事业有成、蒸蒸日上,传递出对未来的美好祝愿。

(3)进入"纪念品厅":图片中的人们在干什么? 为什么我们和外国人要互赠花篮呢? 如果你收到花篮你是怎样的心情?

小结:篮子编织体现的是中国人的智慧与创造力,我们将花篮送给外国友人可以表达我们的友好,比如"'一带一路'花篮",可以向世界人民展示中国文化的魅力!

4. 鼓励幼儿向同伴送出篮子,并表达美好的祝福,感受与同伴互赠篮子的美好情感。

> 活动延伸

鼓励幼儿走向社区,向社区人员宣传各种篮子的功能、特征,送出祝福,弘扬传统文化。

附图片

图 3-21　编织作品欣赏(1)

图 3-21　编织作品欣赏（2）

活动四　科学活动（探究）——谁的篮子更结实

活动意图

《3～6岁儿童学习与发展指南》指出："充分利用自然和实际生活机会,引导幼儿通过观察、比较、操作、实验等方法,学习发现问题、分析问题和解决问题。"因此,"谁的篮子更结实"活动将深入主题,通过对一只篮子的修补,让幼儿猜想、比较、记录、验证等,了解使用什么材料,运用什么方法和技能,编出的篮子更结实。幼儿在真实的生活场景中发现问题、解决问题,感受成功的喜悦,从而对篮子编织、探究产生更加浓厚的兴趣。

活动目标

1. 感受篮子编织探究的乐趣,体验分工合作的快乐。

2. 进一步探究了解篮子编织材料、方法、使用的特点和区别,动手修补破损篮子。

3. 通过猜想、比较、记录、验证等方法,了解使用什么材料,运用什么方法和技能编出的篮子更结实,并能正确使用篮子。

活动准备

1. 知识准备:初步了解编织种类、材料、工具和方法。

2. 物质准备:几个破损的纸编篮子、绳编篮子,多种编织工具、编织材料,记录表格。

3. 环境准备:布置一个编织篮子手工坊,展示各种篮子编织图片和实物。

活动建议

1. 出示破损的编织篮子,幼儿猜测破损原因,激发探究兴趣。

提问:篮子为什么会破损呢?快和你的小伙伴找找原因吧。

2. 幼儿分组探究篮子破损原因,表征记录,交流分享。

（1）你们想怎样发现篮子破损的小秘密?

一是材料的使用：看看、摸摸、试试

二是编织的方法：怎样编织的？会有什么问题？

三是篮子的使用是否得当：猜想花篮装过什么东西？

（2）分组交流分享探究的过程和结果：请每组选一位小代表发言。

3. 幼儿分组探究修补篮子的方法，动手操作进行篮子修补。

（1）提问：哪些材料编织会更加结实？绳编篮子的线绳纹路稀疏有洞怎么办？怎样编织就结实紧密了？

（2）幼儿分组合作运用更换材料或者重新编织修补篮子。

4. 展示幼儿修补成果，体验合作成功的喜悦与自豪。

每组推选一位幼儿集体前介绍自己组的作品，以及修补的方法、小窍门。

● **活动延伸**

引导幼儿在生活中探究不同材质的篮子要正确使用，比如纸质篮子不能装湿的、重的东西。

附编织调查表

表 3-3 "篮子破损原因"调查表

篮子破损原因

班级 姓名

材料的使用	
编织的方法	
篮子的使用是否得当	

活动五 数学活动（数）——置物筐展览会（10 以内数的守恒）

● **活动意图**

4～5 岁的中班幼儿，多数能手口一致地按物点数到 10，会正确地说出总数。但判断物体的数量时，往往受到物体大小或排列形式等的干扰。因此，理解和掌握数的守恒是发展幼儿数概念的必不可少的一个组成部分。由此开展"置物筐展览会（10 以内数的守恒）"活动，创设置物筐展览会游戏情境，引导幼儿能够排除置物筐的颜色、形状、大小、排列的干扰，进行数的守恒练习，体验进行数的守恒探究的乐趣，培养观察能力、逻辑能力。

● **活动目标**

1. 体验用置物筐进行数的守恒探究的乐趣，培养观察能力、逻辑能力，养成做事善于动脑思考的好习惯。

2. 能不受置物筐的颜色、形状、大小、排列的干扰,进行数的守恒练习。

3. 能够排除空间排列形式、空间距离等因素影响,正确数出置物筐的数量。

▶ 活动准备

1. 知识准备:幼儿初步理解 10 的形成概念和实际意义。

2. 物质准备:背景图一张,蓝色置物筐展柜 10 个,咖色藤编置物筐、白色藤编置物筐各 10 个,大小、形状不同的置物筐各 10 个,操作材料。

3. 环境准备:创设置物筐展览会的场景,营造氛围。

▶ 活动建议

1. 创设"蓝色置物筐展柜"的情境,引导幼儿初步数的感知守恒不受物体排列方式干扰。

(1)置物筐展柜变成一竖列,大家来数数有几个?

(2)置物筐展柜变成三角形,大家数数有几个?

(3)置物筐展柜变成一横排,大家数数有几个?

小结:置物筐展柜不管变成一竖列、变成三角形还是一横排,它们都有 10 个,数量都是不变的。

2. 创设情境"藤编置物筐展区",进一步感知数的守恒不受物体颜色的干扰。

请你数一数,咖色藤编置物筐有几个? 白色藤编置物筐有几个? 是一样多的吗?

小结:虽然咖色藤编置物筐、白色藤编置物筐的颜色、排列不一样的,但是它们都是 10 个,数量是不变的。

3. 创设情境"布置不同形状、大小置物筐展区",感知数的守恒不受物体大小、形状的干扰。

提问:这些置物筐有什么不一样? 是一样多的吗?

小结:虽然置物筐的形状、大小、排列不一样的,但是它们都是 10 个,数量是不变的。

▶ 活动延伸

引导幼儿探究生活中的守恒:我们的生活中,还有许多颜色、大小、形状不同,但数量是相同的东西,请小朋友们一起去找找吧。

活动六 音乐活动(舞蹈)——巧手编藤筐

▶ 活动意图

《3~6 岁儿童学习与发展指南》指出:"欣赏艺术作品时会产生相应的联想和情绪反应。"藤筐编织是一项富有创意和技巧的手工活动,舞蹈又是幼儿表达情感和展现创造力的重要方式,两者相结合能够让幼儿以独特的艺术形式感受编织的魅力。"巧手编藤筐"活动通过动作创编,展现藤筐编织的不同方法,培养幼儿的身体协调性和节奏感,激发幼儿的想象力和创造力,不断提升幼儿对花篮编织艺术的感知和表达能力。

▶ 活动目标

1. 感受舞蹈与手工编织相结合的乐趣,增强对艺术活动的喜爱。

2. 掌握用舞蹈动作表现不同藤筐编织的方法,发展动作协调性和节奏感。

3. 能够用十字结、交叉结、八字结等舞蹈动作创造性地表现藤筐编织的过程和方法。

▶ 活动准备

1. 知识准备:对不同的编织方式有一定的了解和认识。

2. 物质准备:舞蹈的音乐、编织方式的多种图片。

3. 环境准备:创设"巧手编藤筐"的大舞台。

▶ 活动建议

1. 创设情境"巧手编藤筐",激发幼儿舞蹈兴趣。

小朋友,藤筐有很多的编织方法,今天我们要用小手的舞蹈动作来编织藤筐。

2. 展示藤筐编织的图片,引导幼儿观察并尝试模仿藤筐的编织动作。

(1)提问:我们之前了解学习了很多编织方法,有十字结编织、八字结编织等,你们能通过动作展示一下这些编织的方法吗?

(2)组织编织游戏,幼儿做一个藤筐的编织动作,另一个幼儿进行猜测的是哪种编织方式。

(3)提醒幼儿可以参考不同编织方法的图片进行编织动作创编。

3. 播放音乐,引导幼儿根据音乐的旋律与节奏进行舞蹈——巧手编藤筐。

(1)将幼儿创编的编织动作组合在一起,编成完整的舞蹈。

(2)变换藤筐种类,变化不同的舞蹈形式——集体、分组、个别,不断激发幼儿舞蹈的兴趣。

4. 创设表演舞台,邀请同一种编织方法的幼儿进行同台展示,感受舞蹈动作创编的乐趣。

(1)幼儿登台演出。

(2)提问:你喜欢哪一种舞蹈编织?提醒台下幼儿做文明小观众,认真观看表演并给予鼓励,尝试对同伴的表演提出合理的建议。

▶ 活动延伸

音乐区里鼓励提醒幼儿将动作的创编与音乐的节奏相适应,引导幼儿观察同伴的舞蹈动作,可以互相学习、模仿。

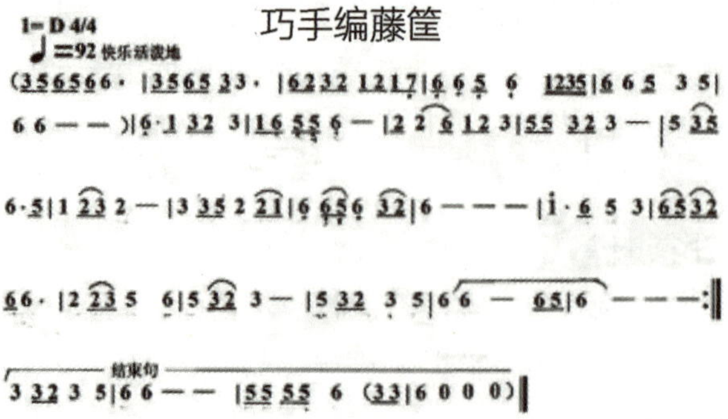

图 3-22 《巧手编藤筐》乐谱

活动七 美术活动（手工）——吊篮空中挂

▶ 活动意图

随着主题活动的深入开展，中班幼儿希望编织的材料、方法、工具、款式更加多元化。《3～6 岁儿童学习与发展指南》指出："指导幼儿利用身边的物品或废旧材料制作玩具、手工艺品等来美化自己的生活或开展其他活动。"活动引导幼儿为小动物送来的花朵编织吊篮，并装饰吊篮，引导幼儿掌握更高的编织水平"空中吊篮"。提高幼儿的手部精细动作能力，同时培养幼儿的创造力和专注力，能够让幼儿在活动中体验到成功的喜悦和乐趣。

▶ 活动目标

1. 感受吊篮编织的多样化，对不同样式的"空中吊篮"产生兴趣和热爱。

2. 了解三股编的编织方式，发挥想象运用不同材料对吊篮进行装饰。

3. 能够按照正确的步骤顺序进行三股编编织，进行插花操作活动。

▶ 活动准备

1. 知识准备：有花篮编织的经验。

2. 物质准备：课件，各种颜色的线绳若干、木支架、剪刀，花朵，制作步骤图与示范视频。

3. 环境准备：高度适宜的桌子、椅子，有创作操作的空间。

▶ 活动建议

1. 播放多媒体动画，与小动物视频互动，激发幼儿活动兴趣。

小猫：小朋友们，我们采了好多的鲜花想送给你们，表达感谢，让我们一起做个吊篮来把花朵插好悬挂起来吧！

2. 出示空中吊篮的作品，引导幼儿观察发现吊篮的特点，探究"三股编"编织方法。

（1）提问：吊篮都有什么特点？和我们之前制作的花篮有什么区别？

（2）小结：吊篮是吊挂在栏杆上的，制作吊篮的材料是绳子，所以比较柔软。编织吊篮要用到的编织方法是三股编。

（3）教师示范"三股编"，幼儿学习编织技巧：将编织绳子固定在栏杆上，右压中、左压中，依次反复往下编织，形成编织的基础结构。完成后可以将吊篮进行装饰、插花、悬挂。

3. 播放音乐，幼儿操作编织吊篮，并通过多种方式进行装饰，教师巡回指导。

（1）提醒幼儿可以通过观察步骤图进行吊篮编织。

（2）注意使用剪刀时的安全。

（3）吊篮制作完成后进行装饰。

4. 欣赏装饰好的吊篮，共同插花、悬挂，分享快乐。

◉ **活动延伸**

引导幼儿在美工区运用多种材料和方法创造性编织吊篮，并进行装饰。能利用编织好的吊篮开展游戏。

▮ **附图片**

图 3-23　幼儿编织

第四章

小班主题教育活动设计 "好玩的绳"

主题活动价值

人类使用绳子的历史早于文字,"结绳记事"就是对古人使用绳子的描述。生活中常会用到各种各样的绳子,如麻绳、线绳、纸绳、布绳、棉绳等。精致的绳编香囊,不仅造型美观,还散发着宜人的香气,蕴含着吉祥如意的美好寓意。再如,巧夺天工的绳艺壁挂,通过复杂的编织技法呈现出独特的图案,展现了传统手工艺术的魅力。生活中造型各异的绳艺作品兼具美观与实用功能,从挂件到工艺品,中华传统文化的力量也蕴含在其中。

绳作为日常生活中常见的物品,它柔软、多变,对小班幼儿具有独特的吸引力,也无声地传承和展现着丰富的中华优秀传统文化,为幼儿打开了一扇了解悠久历史、感受传统魅力的窗口。大自然、大生活都是幼儿学习的内容。《3～6岁儿童学习与发展指南》指出:"要最大限度地支持和满足幼儿通过直接感知、实际操作和亲身体验获取经验的需要。"主题"好玩的绳"由此而来,引导幼儿从生活出发,感受美、欣赏美,从编织入手,初步感知传统文化的魅力。

小班从幼儿兴趣出发,以"好玩的绳""绳子变变变"为线索,力图层层递进,给予幼儿丰富的体验。生活化、游戏化的情境以及开展隐性教育的生活活动、游戏活动、家园社活动等,旨在让幼儿通过观察、触摸、动手制作,进而了解绳子的不同特点,探索用绳子进行艺术创作的多种方法以及绳艺与人们物质文化生活之间的密切关系,从多个角度全面认识线绳。通过开展丰富有趣的活动,幼儿初步感知传统绳艺,在生活和游戏中感受传统绳艺的趣味与功用,激发其热爱生活的美好情感。

主题活动目标

1. 情感与态度目标:喜欢参加与绳艺有关的活动,愿意感受美、欣赏美,在活动中能感受绳艺的趣味与功用,萌发热爱生活的美好情感。

2. 知识与能力目标：在活动中能通过观察、触摸、动手制作，了解绳子的不同特点，探索用绳子进行艺术创作的多种方法以及绳艺与人们物质文化生活之间的密切关系。

3. 技能目标：能大胆尝试，积极探索，选择自己喜欢的绳子和制作方法，自主选择多种辅助材料，探究绳子与其他辅助材料之间搭配创作的新方法，创作出富有个性的绳艺作品。

4. 转化与发展目标：学会欣赏不同的文创作品，并将自己想法创造性地融入表达，愿意尝试创作自己的文创作品。

主题活动预设

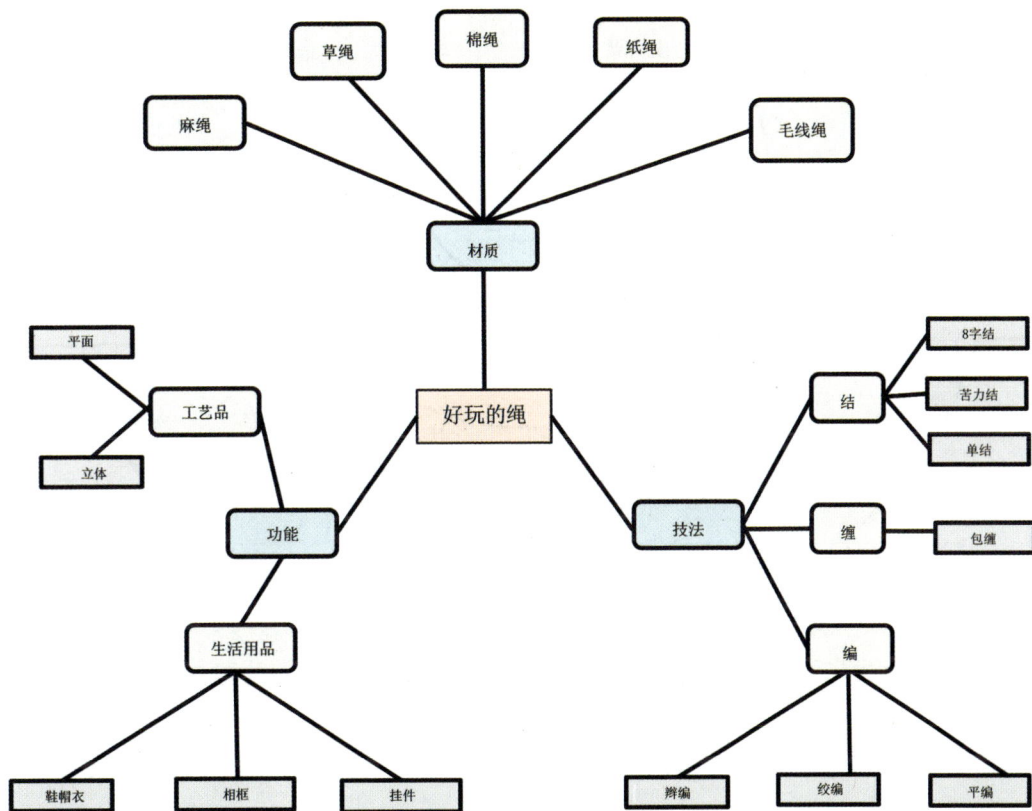

图 4-1　主题预设活动图

主题活动范围

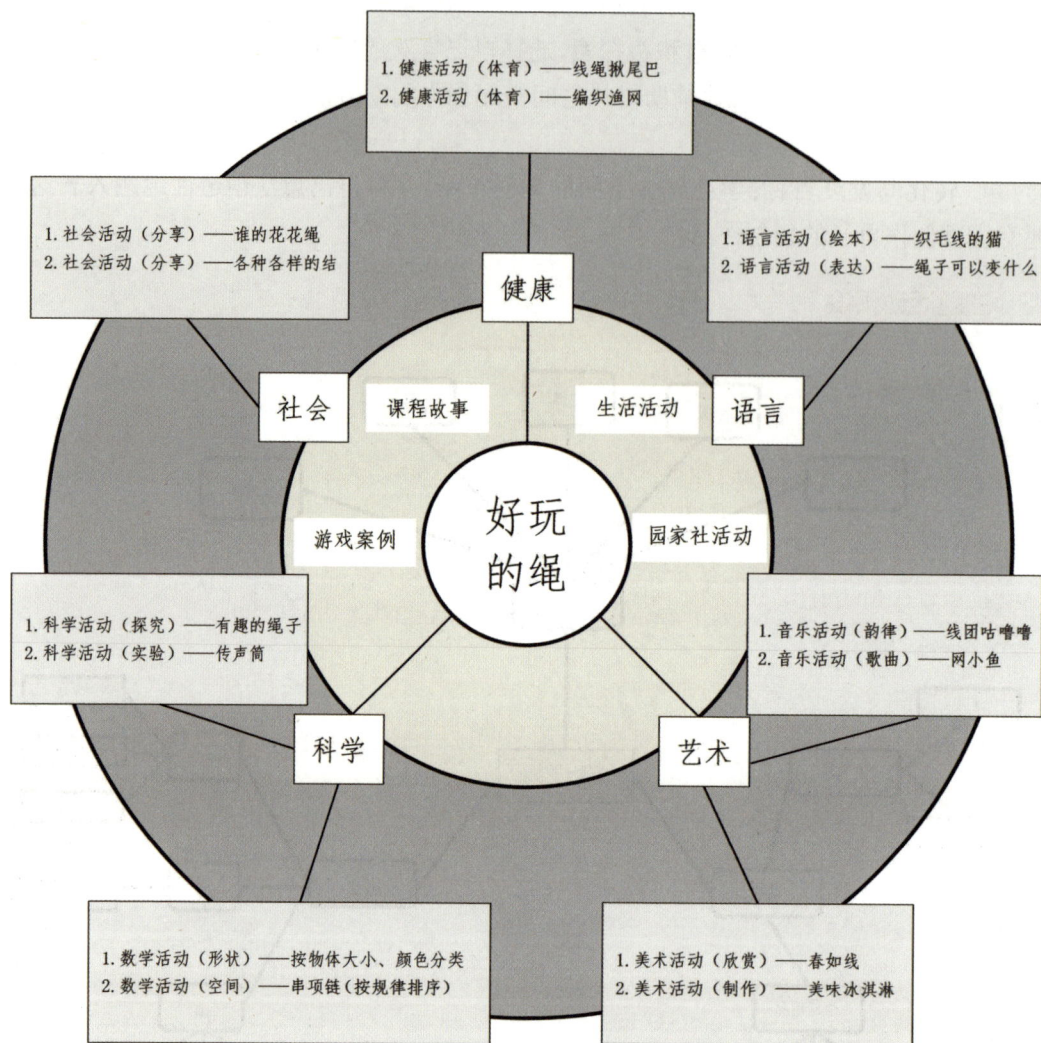

图 4-2　主题活动范围图

主题活动设计

第一周　好玩的绳

活动一　健康（体育活动）——线绳揪尾巴

▶ 活动意图

体育活动"揪尾巴"源于传统民间儿童游戏，有着浓厚的历史基础和群众基础，其材料使用简单，游戏活动有一定的技巧性和挑战性，趣味性丰富，深受幼儿喜爱。本活动通过创新的方式，将编织元素融入揪尾巴活动，引导幼儿用布条、线绳等多种编织材料来制作尾巴。"揪尾巴"游戏不仅能锻炼幼儿快速跑和躲闪的能力，还能带领幼儿体验民间游戏的快乐，同时也会激发他们对传统编织技艺的兴趣，传承和弘扬传统文化。

▶ 活动目标

1. 在参与编织与"揪尾巴"活动中能遵守游戏规则，有仁爱之心，关心伙伴并与之积极互动；愿意积极参与并喜欢体育游戏，体验"揪尾巴"过程中的快乐。

2. 练习快跑和躲闪的动作，明白快速跑及躲闪的动作要领和注意事项，学会在游戏中保护自己的安全。提高幼儿身体的反应能力和协调性。

3. 大胆尝试彩带、冰条线、布条、超粗编织绳等编织材料的多种玩法，能遵守游戏规则。

▶ 活动准备

知识准备：为幼儿提供相关活动视频，提前了解"揪尾巴"的活动形式及要求。如简单介绍人体主要运动部位，强调如何运用这些部位在游戏中更灵活。生动形象地讲解游戏规则，如不能用手护住尾巴、不能推搡其他幼儿、揪到尾巴要及时放手等。

物质准备：足量的彩带、冰条线、布条、超粗编织绳等编织材料。

环境准备：选择空旷、安全的操场作为活动场地，活动场地周围布置一些与编织和跳跃相关的装饰，营造活动氛围。

▶ 活动建议

1. 创设"尾巴评选"情境，激发幼儿参与兴趣，做热身运动。

创设森林里组织"最美尾巴评选"的活动，引导幼儿观察：有哪些动物参加比赛？出示有不同特征尾巴的动物的图片，如松鼠、孔雀、小猪、猴子等。

引导幼儿观察并提问："你最喜欢谁的尾巴？为什么？""他的尾巴是长在哪里的？"带领幼儿跟随音乐一起模仿小动物展示尾巴出场的样子。

2. 引导幼儿自主选择材料装饰自己的尾巴并讲解规则。

（1）自主选择材料装饰为自己的尾巴。

（2）教师为幼儿讲解玩法及规则并示范游戏。

（3）教师重新提问规则要求，着重强调安全注意事项。

3. 师幼共同布置场地,引导幼儿进行比赛。

过程中强调幼儿保护自己尾巴和揪他人尾巴的前后配合能力,锻炼幼儿的肢体协调性。

4. 播放舒缓的音乐,幼儿自由进行放松活动,收拾活动材料,离开场地。

引导幼儿自主解下尾巴,将尾巴放在地上,跟随音乐与绳线进行放松活动,并将材料整理放回原处。

▶ 活动延伸

鼓励幼儿回到家与家人合作,发挥想象力,用各种材料为自己设计一款更独特的尾巴,然后互相展示和分享。

图 4-3 揪尾巴游戏

活动二 语言活动(绘本)——《织毛线的猫》

▶ 活动意图

绘本《织毛线的猫》是我国的原创音乐绘本,故事中的老奶奶为自己爱的人织毛衣,她的小猫咪在老奶奶不在的时候也学着老奶奶的样子,为它爱的人织起了毛线。小猫为朋友们织了蝴蝶结、围巾、帽子,画面用毛线勾勒出了物品的轮廓,幼儿可以跟随毛线方向感受音乐的高低起伏。绘本情节生动,画风温馨,是一个勇敢表达爱的故事,鼓励幼儿也像猫咪一样,勇敢向周围人表达爱,学会珍惜身边的人,同时在绘本中感受毛线带来的情感魅力。

▶ 活动目标

1. 感受故事中猫咪用毛线向身边人表达爱意的情感,学会勇敢表达爱;感受故事中的温暖情谊,培养仁爱友善之心。

2. 知道毛线可以编织围巾、帽子、衣服等常用物品,体会编织的魅力。

3. 尝试在理解故事的基础上,进行故事续编。

▶ 活动准备

1. 知识准备：幼儿知道毛线的基本用途，如可以编织围巾、帽子、衣服等，已具备相关经验。

2. 物质准备：《织毛线的猫》绘本，课件，毛线球。

3. 环境准备：布置一个温馨的阅读角落，摆放舒适的坐垫和书架，放置相关的绘本。

▶ 活动建议

1. 图片导入，出示"毛线团"，激发幼儿兴趣，引出绘本。

提问："小朋友们，你们看这是什么呀？它可以用来做什么呢？"鼓励幼儿积极发言，分享对毛线团的认识和发现。

2. 讲述故事，感受并理解老奶奶和小猫用毛线编织表达爱的行为。

（1）教师完整讲述故事，初步感知故事内容。

提问：故事名字是什么？故事中的小猫用毛线做了什么？送给了谁？

（2）教师分段讲述故事，引导幼儿感受小猫对身边爱的人勇敢表达爱意的行为。

提问：小猫为什么要用毛线编织物品送给别人？从这个故事中，你们明白了什么道理？

3. 感受编织传递的幸福感，尝试续编故事。

（1）鼓励幼儿用较为连贯的语言复述绘本中的主要情节，教师给予指导和鼓励。

（2）引导幼儿尝试续编故事。

提问：如果你是小猫，你还想用毛线做什么礼物，送给谁？为什么？

▶ 活动延伸

鼓励幼儿走进美工区，将故事《织毛线的猫》中的精彩环节画一画，并与同伴简单交流，感受双向的甜蜜。

附绘本故事图片

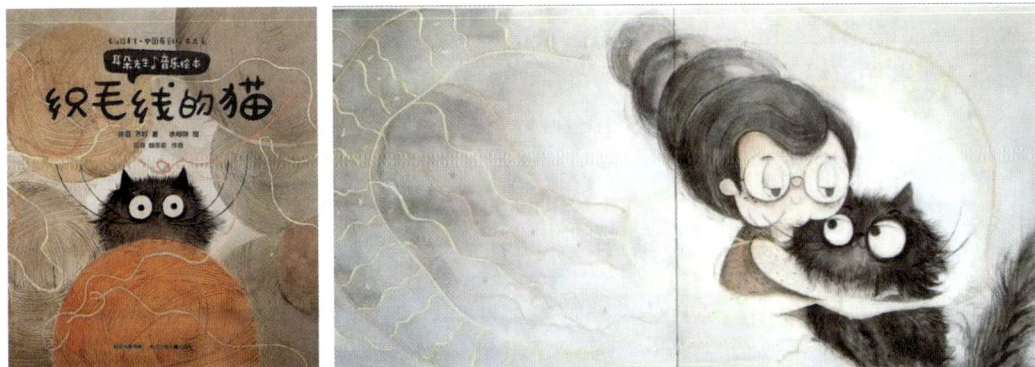

图 4-4 《织毛线的猫》故事图

织毛线的猫①

从前,有一个老奶奶,她再也走不动路了,所以每天坐在椅子上织毛线,有一只猫陪伴着她。她不停地编织美丽的衣服送给她爱的人。小猫最喜欢看老奶奶织毛线了,它常常会趁老奶奶打瞌睡的时候偷偷地练习。

有一天,老奶奶病了,住进了医院。于是小猫在家里织起了毛线。它织了一只大大的蝴蝶结送给小猫妹妹,它织了一条长长的围巾送给了小兔,它为小狗哥哥织了一顶圆圆的帽子,他还为妈妈织了一双手套。

好几天过去了,老奶奶一直都没回来。小猫想念老奶奶了,它开始用剩下的毛线编织起来。谁也不知道他在织什么,从白天到黑夜,又从黑夜到了白天。一条大大的披肩静静地搭在了椅子上。不知道过了多久,小猫实在太累了……

小猫睁开眼睛,看到老奶奶正披着那条大大的披肩朝它笑呢!

活动三 **社会活动(分享)——《谁的花花绳》**

▶ **活动意图**

绳子是我们生活中应用广泛的一种材料,为我们的生活提供了很多便利。本节活动将绳子的用途以绘本的形式呈现出来,幼儿通过生动有趣的故事情节,了解不同动物的生活习性及绳子为小动物们的生活提供的便利,熟悉绳子的不同用途,同时引导幼儿学会分享,感受帮助别人的快乐。本次"谁的花花绳"社会活动,旨在借助花花绳这一载体,激发幼儿对周围事物的兴趣和探索欲。同时,引导幼儿培养包容友善的品质,促进其社会性的全面发展。

▶ **活动目标**

1. 了解绳子的多种用途,幼儿在了解故事的同时感受关爱与互助的美好。

2. 大胆想象,用较为完整的语句表述绳子的不同用途。

3. 理解故事情节,学会分享并愿意将自己的东西分享给有需要的人。

▶ **活动准备**

1. 知识准备:教师提前熟悉故事内容,了解不同动物的生活习性和绳子在故事的作用;准备一些关于绳子用途和编织方法的简单介绍,以便在活动中引导幼儿。

2. 物质准备:课件,与故事相关的图片,一条花花绳,与故事中动物相关的头饰或卡片。

3. 环境准备:布置一个温馨、舒适的活动区域,摆放桌椅,方便幼儿围坐观看和交流。

▶ **活动建议**

1. 出示花绳子,激发幼儿兴趣。

提问:这是什么东西?它看起来像什么?你觉得它可以用来做什么?

---

① 陈蓉、乔吟著,水母咪绘《耳朵先生音乐绘本 织毛线的猫》,长江少年儿童出版社 2017 年版。

2. 结合故事课件,分段理解故事。

(1)你看到了谁?你觉得小猴子会用来做什么?为什么?

(2)谁又出现了?小青蛙可能用绳子来做什么呢?为什么?

(3)小猫咪想用花花绳做什么?

3. 完整欣赏故事,进一步理解故事内容。

教师结合课件完整讲述故事,幼儿认真倾听。

提问:绵羊老师是怎么做的?

4. 教师结合故事情节与幼儿进一步讨论故事内容。

提问:绵羊老师为什么要把绳子分成好几段?为什么要把绳子送给别人呢?如果你也有一根花绳子,你想送给谁?为什么?

◎ 活动延伸

提问:绵羊老师把分完花花绳之后,还剩下一段,小朋友们用它做了什么呢?教师引导并带领幼儿进行简单的拔河活动,活动结束。

附故事

谁的花花绳

今天早晨,大家在幼儿园的草地上看见了一条长长的美丽的花花绳。这是谁的花花绳呢?绳在草地上弯弯曲曲的,完全看不到尽头。原来它是绵羊老师的。绵羊老师想把花花绳送给有需要的人。

大家都好想要这条美丽的绳子,绵羊老师把花花绳围成一个圆圈,大家坐在花花绳围成的圆圈里,绵羊老师想了想,说:"你们想用这条花花绳来做什么呢?"

小猴子说:"我要用花花绳来荡秋千。"原来小猴子的尾巴最近受伤了,用花花绳又可以荡秋千了。

小青蛙说:"我要用花花绳来练习跳远和跳高!"小青蛙是运动高手,幼儿园运动会的日子快要到了。

小猫咪说:"我要用花花绳来编个坚固的大网子!"小猫咪最喜欢吃新鲜的鱼,他想到可以抓到一网子的鱼,口水都快流下来了!

猪说:"我想要带回家,给妈妈绑粽子!"小猪家的粽子一定很大。

"还有我!还有我!"吊在树枝上的蛾宝宝大声喊着,"我要做一个又大又漂亮的睡袋!"哇,那可以住进100只蛾宝宝哟!这时候,绵羊老师发现,花花蛇一直都没有说话,她问道:"花花蛇,你呢?"花花蛇不好意思地说:"花花绳跟我长得好像,我想把它送给我的主人,这样主人每次吹笛子的时候,我就不用跳舞了!"大家听了都笑了起来。

绵羊老师决定把花花绳剪成一段一段的,分给需要的小朋友,这样大家都能拿到想要的花花绳。蛾宝宝把它拿到的小绳子分成了更多的小段,做成了100个睡袋。剩下的花花蝇呢?刚好可以来拔河,"加油!加油!"大家玩得真开心!

活动四 科学活动（探究）——有趣的绳子

▶ 活动意图

绳子是我们生活中常见的材料，被广泛应用于生活的各个角落，为我们的生活提供了便利。不同的绳子在材质、粗细上各有不同，不同特点的绳子能带来不同的用处，蕴含着丰富的科学奥秘。本活动旨在通过观察、实验和操作，让幼儿了解绳子的材质、特性和用途。培养幼儿的观察力、思考力和动手能力，鼓励他们发现问题、解决问题。同时，在探索过程中，培养幼儿的科学思维和探究精神，为其今后的学习和生活奠定基础。

▶ 活动目标

1. 探索绳的各种玩法，体验玩绳的乐趣；幼儿在探索绳子的过程中，感受好奇与快乐，展现"仁"爱，尊重同伴的发现和想法。

2. 通过观察、触摸等方式，感知不同材料绳子的不同特性，了解绳子的不同用途。

3. 提高对事物的好奇心，乐于大胆探究。

▶ 活动准备

1. 经验准备：幼儿在生活中观察过绳子，对绳子有基本的认知。

2. 物质准备：各种绳子和绳子做的东西（棉绳、塑料绳、布绳、纸绳、中国结、彩色毛线等）、串珠、带孔图形、滚轴等。

3. 环境准备：布置"绳子展示台"。

▶ 活动建议

1. 出示绳子调查表，请幼儿分享各种绳子的用途。

提问：你和爸爸妈妈在家里找到了哪些绳子？这些绳子有什么用处呢？

教师鼓励幼儿大胆连贯表述。

2. 引出绳子主题，引导幼儿交流讨论。

提问：除了在家里找到的绳子，你还在哪里见过绳子？

教师出示准备好的绳子，引导幼儿通过观察、触摸等方式对绳子进行感官认识。

交流讨论：这些绳子有什么不同？它们可以做成什么？

3. 幼儿自主操作，探索绳子的玩法。

（1）自由选择绳子，自由操作，探索绳子的多种玩法。

（2）交流讨论绳子的多种玩法。

（3）个别幼儿展示绳子的不同玩法。

4. 多种形式练习，巩固幼儿对绳子玩法的认知。

5. 教师总结，活动结束。

▶ 活动延伸

鼓励幼儿回到家继续探索生活中各种各样的绳子及不同的玩法，关注绳子给我们带来的便利，并将自己的探索与发现讲给家人听。

附图片

图 4-5 绳子作品欣赏图

活动五 数学活动(形状)——按物体大小、颜色分类

活动意图

幼儿在此前的学习中对色彩有一定的认知并能做出正确区分。"大"和"小"是通过比较得来的一组相对概念,通过本次活动,幼儿不仅可以在游戏情境中获得这一相对概念,还能将"大""小"的概念应用到生活中。《3～6岁儿童学习与发展指南》指出:"小班幼儿应能按照物体的某一外部特征(如颜色、大小、形状、种类等)对物体进行分类。"本节活动旨在通过设置多个分类标准,锻炼幼儿提取比较信息的能力,提高幼儿的逻辑思维能力。

活动目标

1. 乐于在游戏中探索,养成正确取放物品的好习惯;游戏过程中能不争抢,遵守规则。

2. 认识同类物体的颜色、大小的特征,正确进行区分和比较。

3. 能按照颜色、大小不同给不同的线团分类。

活动准备

1. 经验准备:能分辨常见的颜色、会区分物体的大小。

2. 物质准备:课件、操作纸。

3. 环境准备:安静的教室。

活动过程

1. 创设情境,引导幼儿观察线团,认识物体大小、颜色特征。

"今天小猫和妈妈去商店里买毛线,让我们一起看看吧!"

提问:商店的货车上有四团毛线,这四团毛线是一样的吗?都有什么不同?

小结:货车上的毛线团有两种,一种是红线团,一种是绿线团,而且线团有大的,有小的。

2. 引导幼儿观察两种线团颜色、大小的不同,并能按特征分类。

(1)情景一:整理毛线。(帮助幼儿先按大小分类)

提问:商店售货员阿姨准备了两个不同的货架,它们有哪些不同? (一个大货架 一个小货架)那货车上的毛线应该怎样放呢?(指导幼儿按照大小进行分类)

(2)情景二:分装毛线。(帮助幼儿按颜色分类)

提问:猫妈妈也准备了两个篮子,它们有什么不同? (一个红篮子 一个绿篮子)那货车上的毛线应该怎样放?(指导幼儿按照颜色进行分类)

3. 按照要求涂色,巩固幼儿对不同大小和不同颜色的认知。

4. 指导幼儿分类整理用过的材料。

▶ 活动延伸

鼓励、引导幼儿陪伴家人外出时也能将生活中的物品根据大小、颜色进行分类,并将自己的依据讲给家人听。

附操作纸

图 4-6　作品操作纸

活动六　美术活动(欣赏)——《春如线》

▶ 活动意图

《春如线》是当代著名画家、美术教育家——吴冠中的作品,作品结构紧密、色彩搭配巧妙,用丰富的线条展现了春天的美景,简单的线条与墨点的搭配给幼儿丰富的想象空间。《幼儿园教育指导纲要》中指出幼儿园的美术教育要通过线条、形体、色彩等要素初步感受周围环境与美术作品中的形式美和内容美。小班幼儿对于具有鲜明色彩和简单造型的物品和美术作品有较强的兴趣,该内容符合小班幼儿的发展特点。

▶ 活动目标

1. 感受《春如线》中的线条美和色彩美,激发对自然的热爱之情。愿意在欣赏画作时感受春天的美好与生机,在创作时能感受作者的魅力、产生中华文化的自信。

2. 欣赏吴冠中的彩墨画《春如线》,感受画家独特的绘画风格。

3. 喜爱春天,愿意使用线条和色彩的搭配表现春天。

▶ 活动准备

1. 知识准备:欣赏过春天的各种自然景色。

2. 物质准备:电子版图片《春如线》。

3. 环境准备:安静的教室。

▶ 活动建议

1. 歌曲导入,激发幼儿活动兴趣。

播放歌曲《春天在哪里》并提问:现在是什么季节呀? 春天在哪些地方呢?

2. 出示作品,引导幼儿整体欣赏作品。

(1)初步欣赏作品,向幼儿介绍彩墨画。

提问:今天老师带来一幅特别的作品,你们能看出是用什么画的吗?

(2)再次欣赏作品,感受作品的绘画特点。

提问:这幅彩墨画中,你看到了什么? 画中的"点"和"线"像什么?

(3)进一步欣赏作品,引导幼儿观察作品的颜色特点。

提问:画中有哪些颜色? 这些颜色可能代表了什么?

3. 介绍画家吴冠中及《春如线》的创作背景。

这幅画的作者是来自江苏的吴冠中先生,他是一位特别厉害的画家,也是一位特别喜欢大自然的画家。这幅画就是吴爷爷笔下的春天,他用线条、墨点记录下了春天的样子,这幅画的名字就叫《春如线》。

4. 激发幼儿创作欲望,引导幼儿进行作品创作。

▶ 活动延伸

鼓励幼儿将创作的作品《春如线》带回家,与爸爸妈妈们分享。并将自己使用的线条、颜色讲给家人听。

图 4-7 《春如线》欣赏图

活动七 音乐（韵律）——线团咕噜噜

活动意图

音乐游戏是幼儿喜爱的音乐活动形式,游戏过程中幼儿可以感受有节奏的律动。本节活动结合音乐节奏与动手操作,让幼儿感受音乐的律动,并通过创设用毛线给动物编鞋子的情境,增强活动的趣味性。动作和音乐的结合,提高幼儿对音乐节拍的感知能力,在游戏中感受节奏;将线团这一常见物品与音乐相结合,激发幼儿对音乐的感知和兴趣。幼儿跟随音乐的节奏和旋律控制线团的滚动,在欢乐中收获成长和快乐。

活动目标

1. 喜欢参加韵律活动,在节奏中感受用毛线做鞋子带来的快乐;在游戏中能与伙伴友爱互动,享受游戏带来的快乐。

2. 初步感受音乐节拍,能跟随音乐做"咕噜咕噜""拉一拉""咚咚咚"等基本动作。

3. 锻炼手脑配合的能力,能跟随节拍做出不同的动作。

▶ 活动准备

1. 知识准备:知道大象、老鼠的体型差距。

2. 物质准备:婴儿勾线鞋一双。

3. 环境准备:安静的教室。

▶ 活动建议

1. 教师出示一双勾线鞋,激发幼儿活动兴趣。

提问:小朋友们,老师手里拿的是什么呀? 你们看得出它是怎么做出来的吗?

2. 创设用毛线做鞋子的情境,教师示范动作。

教师结合动作示范勾鞋过程,幼儿观察学习。 如:"线团咕噜咕噜,线团咕噜咕噜"——两手握拳 胸前轮转;"拉一拉,拉一拉"——两手向外侧拉伸;"咚咚咚"——两手攥拳上下锤击;"做好了,做好了"——两手向前摊开、拍手交替进行。

3. 教师结合歌词分解动作,引导幼儿跟随音乐做动作。

4. 创设为动物做鞋子的情境,丰富游戏互动形式。

(1)第一位朋友是大象,大象的脚是怎样的? (大大的)

我们可以用什么动作来为大象做鞋子? (大一点的动作)

(2)第二位朋友是小老鼠,小老鼠的脚是怎样的? (小小的)

我们可以用什么动作来为小老鼠做鞋子? (小一点的动作)

5. 幼儿与同伴互动相互做鞋子,进一步加深游戏的趣味性。

▶ 活动延伸

鼓励幼儿来到音乐表演区,为更多的小动物做鞋子并用相应的动作进行展现,尽情享受游戏的快乐。

第二周 绳子变变变

活动一 健康(体育活动)——编织渔网

▶ 活动意图

"编织渔网"作为小班体育活动的一个创意项目,不仅融合了体育运动的元素,还融入了生活技能和团队合作的概念。对于小班幼儿来说,体育活动是他们身体发展、动作协调以及情感交流的重要途径。本活动以编织为主题,通过模拟捕鱼和织网的过程,旨在激发幼儿对体育活动的兴趣,让幼儿在体育活动中体验编织的乐趣与创意,激发他们对传统文化的兴趣和传承意识,同时培养他们的身体协调能力等,促进幼儿身心全面发展,收获快乐和成长。

▶ 活动目标

1. 积极投身游戏,感受体育活动的快乐。在与同伴的互帮互助中享受合作的愉悦,积极投入编织渔网的过程。

2. 掌握一边跑一边躲避他人的技巧。

3. 能做到与同伴相互配合,完成网鱼的任务。

▶ 活动准备

1. 知识准备:提前带幼儿练习与同伴一起牵手跑步。

2. 物质准备:音乐播放器及欢快的音乐。

3. 环境准备:选择空旷、安全的操场作为活动场地,并且在场地周围装饰一些渔网装饰品。

▶ 活动建议

1. 创设"海底小鱼"情境,带领幼儿跟随音乐做热身活动。

今天我们来到了海底,变成了一条条小鱼。请小鱼们跟随音乐一起游动起来吧。

教师播放欢快的音乐,带领孩子们进行简单的热身动作,让孩子们身体得到充分预热。

2. 引导幼儿玩织渔网游戏,学习一边跑动一边躲避别人的方法。

(1)教师说明游戏玩法。

划定小鱼的游动区域,选两名幼儿当渔网,手拉手一起跑动去网小鱼。被网到的小鱼成为渔网,继续网小鱼,直至游动区域里的小鱼都被网住,游戏结束。

(2)教师播放欢快的音乐,幼儿进行游戏。

(3)教师观察,一轮游戏结束后,对于游戏中出现的问题进行指导。

提问:小鱼在游动的时候怎么样能躲开渔网呢?

小结:跑的时候要眼睛向前看,当渔网离你很近的时候要赶紧往另一边跑。

(4)可根据实际情况再进行1~2次游戏。

3. 播放舒缓的音乐,幼儿进行放松活动,收拾物品离开场地。

幼儿跟随音乐做游动、觅食等动作。

▶ 活动延伸

引导幼儿交流体育活动的感受,鼓励幼儿总结今日的经验,相约前往社区,与家人朋友一同游戏。

附图片

图 4-8 渔网游戏

活动二 语言活动(表达)——绳子可以变什么

活动意图

绳子在幼儿生活中随处可见,跳绳、头绳、鞋带等等,幼儿经常会拿着绳子在手中把玩,但是对于绳子的其他用处的了解还有所欠缺。本活动旨在通过《绳子变变变》这首富有想象力的儿歌,激发幼儿的想象力,开拓思路思考绳子的更多玩法。同时,考虑到小班幼儿处于语言发展的关键期,喜欢模仿和动手操作,活动通过实物展示、图片辅助等多种教学手段,使幼儿在轻松愉快的氛围中学习儿歌,体验语言的韵律美和创意表达的乐趣。

活动目标

1. 激发幼儿对儿歌的兴趣,培养幼儿丰富的想象力和语言表达能力。学会欣赏同伴的想法,倾听同伴的表达,感受儿歌的快乐。

2. 学说"绳子可以变什么?""绳子可以变 XX"的句式,并进行续编。

3. 理解儿歌内容,认识到绳子的多种用途。丰富词语:红又红、清又清、嫩又绿。

活动准备

1. 认知准备:幼儿对于生活中的各种绳子有一定的了解。

2. 物质准备:实物绳子一根或多根,课件。

3. 环境准备:布置一个温馨、光线合适的阅读环境。

活动过程

1. 谈话导入,激发幼儿活动兴趣。

出示绳子在生活中的用途,如跳绳、绑头发、挂衣服等,引导幼儿思考绳子还可以做什么。提问:绳子很神奇,它可以变成好多好多东西哦!想不想知道它能变成什么呢?我们一起来问问太阳公公吧!

2. 学习儿歌,感受线绳的有趣变化。

(1)教师朗诵儿歌,幼儿初步感知儿歌内容。

(2)每次变换下一句,展示对应的图片(太阳、小河、小草),引导幼儿观察并跟读。

教师与幼儿分段朗诵,引导幼儿加上喜欢的动作。

提问:小鸭子游泳是什么样子的?可以用什么动作表示?太阳呢?

3. 引导幼儿创编儿歌,发展幼儿的想象力与表达能力。

(1)引导语:"绳子真是太神奇了,小朋友们,你们来想一想,绳子还可以变成什么好玩的东西?"鼓励幼儿大胆发言,说出自己的想法。

(2)将幼儿续编的内容整理成一首新的儿歌,全班一起朗诵,体验续编儿歌的乐趣。

● 活动延伸

鼓励幼儿将《绳子变变变》的儿歌回家读给爸爸妈妈听,回家之后续编儿歌,并将自己续编的内容带到幼儿园与同伴们分享交流。

附儿歌

绳子变变变

太阳公公我问你:"绳子可以变什么?"

"绳子可以变小鸭,变出小鸭水中游。"

太阳公公我问你:"绳子可以变什么?

"绳子可以变太阳,变个太阳红又红。"

太阳公公我问你:"绳子可以变什么?"

"绳子可以变小河,变出河水清又清,变出小草嫩又绿。"

活动三 社会活动(分享)——各种各样的结

● 活动意图

结,作为中国传统文化中的一个重要元素,不仅具有实用功能,还蕴含着丰富的文化寓意和审美价值。"各种各样的结"作为小班社会活动的教学内容,旨在通过观察和探索不同种类的结,引导幼儿了解结在日常生活中的广泛应用,培养他们的观察力和动手能力,同时激发他们对传统文化的兴趣。在本次活动中,幼儿将通过多种方式了解绳结在生活中的用处,知道中国结的特殊意义,增强对中华文化的认同感和自豪感。

● 活动目标

1. 体会绳结的多样性,感受绳结给人们生活提供的便利。愿意欣赏生活中的不同的结,感受中华文化的博大精深。

2. 理解结的基本功能和在生活中的应用。

3. 认识并区分不同类型的结(如蝴蝶结、平结、中国结等)。

▶ 活动准备

1. 知识准备：知道 1～2 种常见的结的打法。提前准备调查表，寻找生活中的结。

2. 物质准备：课件、各种颜色和材质的绳子或丝带、实物示例（如带有不同结的包装盒、装饰品等）。

3. 环境准备：布置一个充满传统元素的活动区域，展示各种绳结作品。

▶ 活动建议

1. 分享交流"我身边的结"，介绍自己的发现，引出主题。

幼儿间相互交流"我身边的结"调查表，提问："你发现身边有什么样的结？它是干什么用的？"鼓励幼儿大胆与同伴交流分享。

2. 出示课件，了解绳结在生活中给人们带来的便利。

（1）生活中的绳结：我们的生活中常常需要各种各样的结来帮助我们。

（2）通过图片，引导幼儿认识特殊的绳结。

小结：消防员在滑降的时候，会有绳结来保护他的安全；建筑工人在盖高楼的时候，会用绳结来运送建筑材料……除了这些结之外，还有一种装饰用的绳结，这种绳结叫做"中国结"，它代表着平安与幸福，是一种美好的祝福。

3. 出示打结步骤图，引导幼儿根据步骤图学习打结的方法。

（1）分组让幼儿尝试根据图解自己动手制作简单的结。

（2）老师巡回指导，帮助遇到困难的幼儿。

4. 创办"有趣的绳结"展览会，收集幼儿打好的结进行展览。

▶ 延伸活动

鼓励幼儿离开幼儿园继续发现、探索生活中的独特的结，将其拍下，带到幼儿园与教师、同伴一同交流、分享。

附调查表与图片

表 4-1　"我身边的结"调查表

我身边的结

班级：　　　姓名：

我找到的结（绘画或图片）：	它出现在哪里？	有什么作用？

图 4-9　欣赏图

活 动 四　**科学活动（实验）——传声筒**

活动意图

　　对于小班幼儿来说，声音是他们日常生活中经常接触且充满趣味性的元素之一，但他们对于声音是如何产生的、如何传播的等科学原理往往缺乏深入的理解。通过"传声筒"这一科学活动，运用直观、简单的实验材料——传声筒，引导幼儿探索声音传播的秘密，激发他们对理解声音现象的好奇心和探索欲。让幼儿在轻松愉快的氛围中，初步感受声音传播的过程，培养他们的观察力和初步的科学探究能力。

活动目标

　　1. 激发幼儿对声音现象的好奇心和探索欲，愿意与同伴合作并倾听、交流分享感受，体验科学探究的乐趣；培养尊重科学、实事求是的良好品质。

　　2. 能够动手操作传声筒，与同伴合作完成传话游戏。

3. 初步了解声音可以通过细线传播的现象。

活动准备

1. 知识准备：提前教幼儿如何制作传声筒。

2. 物质准备：自制传声筒一个，纸杯若干，细线若干，课件。

3. 环境准备：准备一个有线绳装饰的教室，在科学区投放一些传声筒玩具。

活动建议

1. 游戏导入，激发幼儿参与活动的兴趣。

教师手持传声筒，与一名幼儿进行"悄悄话"传递游戏，引起其他幼儿的好奇心和兴趣。

提问：小朋友们，你们想知道我刚刚和 XX 小朋友说了什么吗？我们是怎么做到不用嘴巴对着耳朵就能说话的呢？

2. 引导幼儿通过多种感官认识传声筒，并尝试制作。

（1）认识传声筒：教师向幼儿介绍传声筒的构造和使用方法，引导幼儿观察传声筒的外观和内部结构。

（2）组织幼儿动手制作传声筒。

出示传声筒制作步骤图，幼儿分组进行传声筒操作，尝试用传声筒传递"悄悄话"。教师巡回指导，帮助幼儿解决操作中的问题。操作结束后，幼儿分享自己的体验和发现。

3. 进行"传声筒游戏"，幼儿体验用传声筒传话的乐趣，激发对科学探究的乐趣。

（1）教师准备多张"悄悄话"内容卡片，幼儿分组进行传声筒传递游戏。

（2）教师设置不同难度的声音传递任务（如增加传声筒的长度、在嘈杂环境中传递等），幼儿分组进行比赛，看哪组能更快、更准确地完成任务。

活动延伸

鼓励幼儿回家之后与家人一同玩传声筒的游戏，并向爸爸妈妈们讲解科学探究的奥秘。

附图片

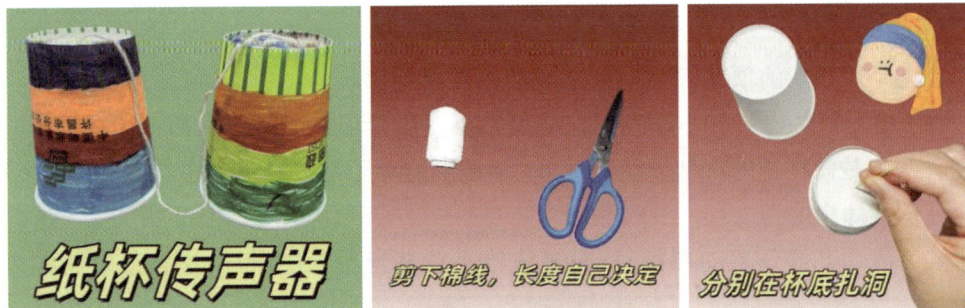

图 4-10　纸杯传声操作图（1）

图 4-10　纸杯传声操作图（2）

活动五　数学活动（空间）——串项链（按规律排序）

活动意图

按规律排序是小班数学教学活动中的一项重要内容,旨在通过趣味性的操作活动,帮助幼儿初步理解并掌握简单的排序规律。对于小班幼儿来说,他们正处于认知发展的关键期,对周围事物的观察能力和逻辑思维能力正在逐步发展。此活动通过"串项链"这一生活化、游戏化的情境,将线绳与数理逻辑相结合,将抽象的排序概念具象化,使幼儿在操作中感知规律、体验线绳的用处,从而激发他们对数学学习的兴趣。

活动目标

1. 体验数学活动中的乐趣,培养幼儿对数学学习的兴趣。激发幼儿对美的追求,培养其审美情趣和创新意识。

2. 能自主选择不同的两种颜色,按 ABAB 的规律在绳子上进行排序。

3. 会按简单的规律对物体进行排序。

活动准备

1. 知识准备:幼儿掌握串珠子的方法与技巧。

2. 物质准备:彩色珠子若干每人一份,绳子或细线每人一条,课件。

3. 环境准备:创设"项链店"区域,投放串珠供幼儿练习,同时展示已串好的有规律排序的项链样品 1～2 条,以便幼儿观察。

活动建议

1. 创设"小熊的项链店"情境,引发幼儿发现规律。

（1）出示课件,提问:小动物们在哪里? 小熊店里项链上的珠子都有什么颜色的? 这两种颜色是怎样排的? 引导幼儿说出"项链上的珠子是按照一个红、一个蓝、一个红、一个蓝的规律串的"。

（2）请幼儿操作互动白板,按照规律给小项链换颜色,并说一说自己是怎样排颜色的。

提问:小熊有的项链没有串好,你们能来帮帮它按照一定的规律进行排序吗?

2. 请幼儿操作"串项链"的材料,练习按照简单规律排序。

(1)引导幼儿帮助小动物把项链按照简单的规律串好。

出示串了一半的项链,请幼儿按照已有规律继续排序。

(2)幼儿操作,教师指导。

提醒幼儿一个一个按顺序排好。可以换不同的半成品项链多练习几次。

3. 幼儿自主选择颜色按规律排序,巩固简单规律。

(1)出示空橱窗,请幼儿自由选择两种颜色的珠子按 ABAB 的规律进行排序。

(2)指导幼儿按照规律串项链,串完后能自己说出是怎样排列的。可以鼓励幼儿创造不同的、更有难度的规律。

▶ 活动延伸

请幼儿前往美工区,将自己按照简单规律排序的项链画一画,并与身边的伙伴交流分享。

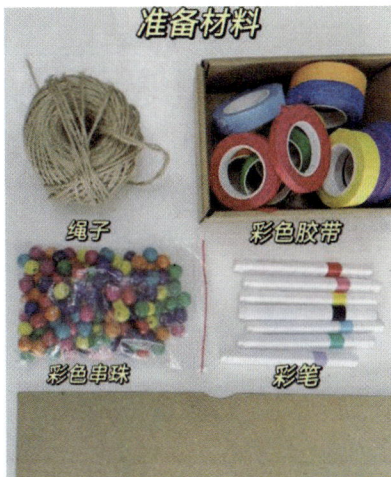

图 4-11 材料准备

图 4-12 幼儿游戏

活动六 美术活动(制作)——美味冰激凌

▶ 活动意图

每当炎炎夏日,冰激凌总会成为幼儿的最爱,它不仅带来清凉,更承载着幼儿甜蜜的童年记忆。"美味冰激凌"这一手工活动,巧妙地将线绳和幼儿喜爱的甜品冰激凌相结合,让幼儿自己动手卷一卷、缠一缠、贴一贴,制作自己的冰激凌。手工内容既贴近幼儿生活,又能激发他们的创造欲望,让幼儿在动手实践中学习形状认知、色彩搭配以及材料运用的基本技巧,让幼儿在轻松愉悦的活动氛围中感受美术创作的乐趣。

▶ 活动目标

1. 能在手工活动中,体验用毛线缠绕作品的喜悦和满足感,培养幼儿的耐心与细心,能倾听、欣赏、尊重他人作品,激发对美好生活的热爱之情。

2. 能手眼协调,将纸卷成圆锥形,并选择适当的毛线和其他物品进行装饰。

3. 通过观察,能说出冰激凌的基本形状和多种颜色。

活动准备

1. 认知准备:提前向幼儿介绍冰激凌的相关知识,如颜色、口味、形状。

2. 物质准备:纸条若干,双面胶或胶水,彩色毛线、纽扣、毛球等装饰物,课件,范例。

3. 环境准备:布置一个温馨、舒适的活动环境,确保光线充足、通风良好。

活动建议

1. 图片导入,激发幼儿兴趣。

展示冰激凌图片或实物,引导幼儿观察冰激凌的形状、颜色和装饰,激发创作兴趣。

提问:冰激凌是什么形状的? 有什么颜色?

2. 教师示范讲解,幼儿操作。

(1)出示图片,鼓励幼儿欣赏交流。

提问:你发现这些图片里的冰激凌有什么不同? 都用到了什么材料?

(2)教师讲解并示范如何制作圆锥形蛋筒。

制作要点:在制作时将胶涂在纸的短边,一只手拿住,另一只手轻轻地转,这样一个圆锥形的蛋筒就做好了。在缠毛线时,可以适当地使用胶水帮忙,最后粘上纽扣和毛球做装饰。

(3)幼儿自主选择材料,开始制作自己的毛线冰激凌。

(4)教师巡回指导,鼓励幼儿大胆创作,适时提供帮助。

3. 幼儿作品展示。

幼儿展示自己的作品,分享创作过程和感受。

活动延伸

鼓励幼儿将今日做的"美味冰激凌"带回家,与家人们分享交流。也可以使用家中的美工材料继续丰富"冰激凌"。

附作品例图

图4-13 作品欣赏(1)

图 4-13 作品欣赏（2）

活动七 音乐活动（歌曲）——《网小鱼》

活动意图

《网小鱼》是一首节奏明快、旋律活泼的儿童歌曲,歌词内容简单易懂,富有童趣,非常适合小班幼儿进行音乐活动。本活动旨在通过欢快的旋律和有趣的游戏情境,激发幼儿对音乐的兴趣和参与活动的热情。歌曲通过模拟网小鱼的场景,不仅能让幼儿感受到音乐的韵律美,还能激发他们对自然界小动物的好奇心和爱护之情。此外,歌曲中的"网小鱼"动作简单,易于幼儿模仿和学习,有助于培养幼儿的节奏感和身体协调性。

活动目标

1. 喜欢参与集体活动,愿意跟随音乐快乐游戏;能与伙伴友好互动,游戏过程中愿意遵守游戏规则,体验集体游戏的快乐。

2. 初步熟悉音乐旋律,能加上自己喜欢的动作表现歌曲内容。

3. 理解歌词内容,学习用小碎步模仿小鱼游的动作

活动准备

1. 认知准备:在活动前,教师可以通过故事、图片等形式向幼儿简单介绍海洋和小鱼的知识,激发幼儿的兴趣。

2. 物质准备:《网小鱼》歌曲,金鱼一条。

3. 环境准备:布置一个海洋主题的背景墙或悬挂一些海洋生物的图片,营造海洋的氛围。

活动建议

1. 出示金鱼鱼缸,引导幼儿观察。

提问:小朋友们看,这是谁呀?（幼儿答:小鱼。)小鱼在水里怎么游的?

教师引导幼儿观察小鱼,大胆讲述,并学一学小鱼游的动作。

2. 通过动作提示,学唱歌曲。

（1）教师示范演唱歌曲,引导幼儿注意歌曲的歌词和节奏。

提问:歌曲里面唱了什么?你能用歌曲里面的话回答吗?

（2）教师二次示范，幼儿分句学唱。

提问：小鱼是怎么样游的？（摇摇尾巴，点点头，一会儿上，一会儿下）小鱼游起来像什么？（好像快乐的小朋友）

（3）幼儿随音乐跟唱，鼓励幼儿用喜欢的动作表现。

提问：用什么样的动作可以模仿小鱼游一游？（小碎步）小鱼怎样摇摇尾巴，点点头？

请幼儿在小碎步的基础上自由创编动作。

3. 幼儿演唱，大胆表现。

教师鼓励幼儿在演唱时加上自己喜欢的动作。

▶ 活动延伸

鼓励幼儿来到表演区，戴上小头饰，将学到的歌曲搭配上好看的动作，自信大方地进行表演。

附乐谱

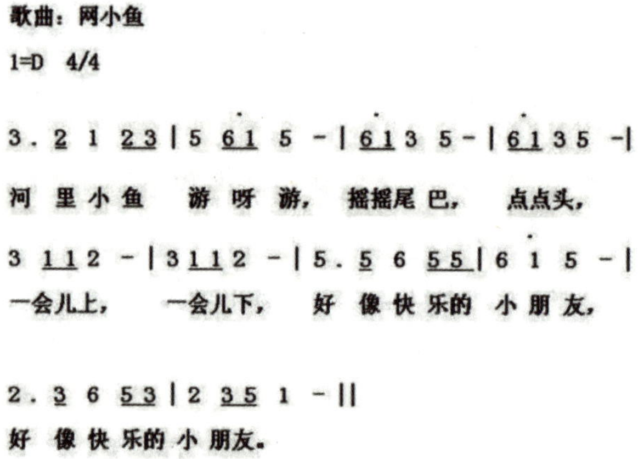

图 4-14 《网小鱼》乐谱

实践活动集锦

第 五 章

·小班课程故事·

"编"织"编"玩

一、活动缘起：

到了小班下学期，越来越多的小女生留起了长头发，编的头发也越来越五花八门。"老师，可以帮我编个麻花辫吗？"甜甜拿着皮筋向我询问。"当然可以啊！"我开始给她辫头发，周围的小朋友也围过来好奇地观察。"老师，这是怎么编的啊？""头发编得像绳子一样。""好好看啊，老师我也想编一个。"麻花辫是一种由三束头发编织而成的常见发型，它的操作方法中用到了简单的编织技巧，而编织也是我国一项传统的民间艺术。《3～6岁儿童学习与发展指南》指出：要创造条件，支持幼儿自发的艺术表现和创造。于是我们借助幼儿对编麻花辫的好奇和兴趣，走进关于"编织"的秘密世界，中国编织技艺历史悠久，种类丰富多样，如竹编、草编、藤编等，这些编织技艺承载着中华民族的智慧和创造力，在历史发展过程中，不仅具有实用价值，还具有较高的艺术价值。为了让幼儿进一步感受编织的乐趣，增强民族自豪感，我们将编织活动有效地融入了班本活动中，开启了班级的编织之旅。

二、活动实施

（一）寻找编织

"看！我们爱玩的攀爬架是编织的！"

"我们足球场的球门是用绳子编织出来的……"

幼儿寻找着幼儿园里的编织物。

图 5-1　幼儿寻找幼儿园编织物

在"编"织"编"玩活动实施的第一部分，我们紧密遵循《3～6 岁儿童学习与发展指南》提倡的教育理念，注重培养幼儿的观察力和语言表达能力。通过"寻找编织"这一主题，教师引导幼儿在日常生活环境中探索编织品的存在。

（二）初识编织

1 了解编织的历史

编织是我国的一项传统民间艺术，集结了"编"和"织"的技艺。那什么是编织呢？滴滴说："编织就是用毛线和针一绕一绕的！"幼儿你一言我一语，为了让幼儿更好地了解编织，我们通过集体教学活动，让幼儿初次了解了编织，原来编织是把细长的东西互相交错或钩连通过穿插、缠绕、打结等方法组织起来。

幼儿们一起商量设计了一张关于编织的调查表，生活中有哪些编织物品？我们一起和爸爸妈妈共同寻找答案。

图 5-2　编织大调查

2 编织材料与编织方法

教师和家长带领幼儿通过查阅资料、走进生活，收集到了编织的材料，并把自己的发现分享给同伴们。收集的材料有色彩斑斓的线条、坚韧的麻绳、柔软的绒线，以及形状各异的珠子和小饰品。孩子们期待着通过巧手编织，将这些材料变成一件件精美绝伦的手工艺品。

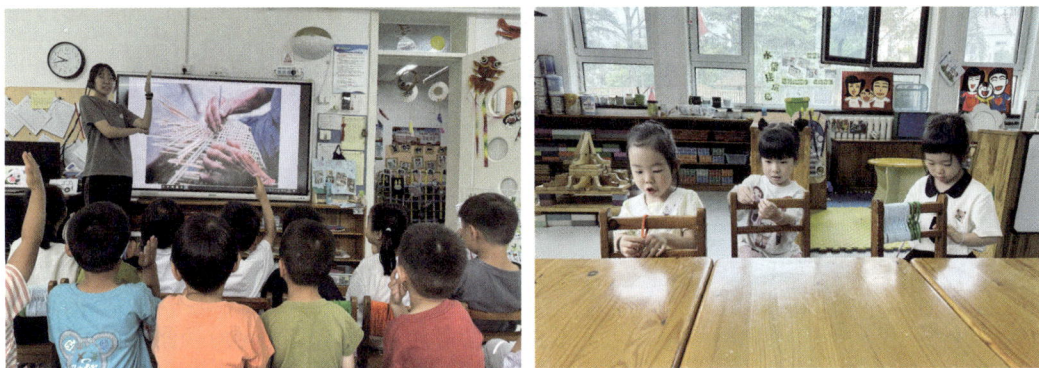

图 5-3　幼儿探索

在活动的第二部分，我们继续依据《3～6 岁儿童学习与发展指南》，专注于提升幼儿对编织艺术的认识和尊重。通过"初识编织"活动，孩子们学习了编织的定义、历史和种类，增进了对这一传统民间艺术的理解。我们通过集体教学和填写调查表的方式，让幼儿与家长共同探索编织的世界，这样的互动不仅加深了幼儿的认知，也促进了家庭与幼儿园的合作。

（三）初试编织、遇到问题

在编织活动开始前，幼儿化身为小小设计师，拿起画笔在纸上画出了自己的编织设计图。

我们开始练习各种编织的方法啦！

"我们从简单的缠绕开始……我的线刚绑上去，一动就会滑下来。谁能帮我绑一下线呀？"小朋友遇到了第一个难题——怎样打结？"先交叉，拿住线头绕一圈，最后拉一下。"小朋友们边说边动手，经过多次尝试后，打结已经不在话下。在编织的时候发现手中的毛线有时候会缠绕起来，需要花费时间去整理，有时候打成死结。那我们该如何把毛线理顺，不让毛线乱乱的呢？

教师有话说：在活动的第三部分，我们遵循《3～6 岁儿童学习与发展指南》中的科学领域目标，鼓励幼儿动手实践，体验编织的过程。通过"初探编织"，幼儿从制订计划到初试编织，逐步掌握了基本的编织技巧。在解决实际问题，如打结和整理毛线的过程中，幼儿的手部协调能力和解决问题的能力得到了显著提升。我们通过这一过程，培养了幼儿的耐心和专注力，同时也激发了他们的创造力。

图 5-4 尝试打结

(四)趣玩编织

1 亲子：制作手链

幼儿一起来制作漂亮的手链。大家发挥想象力,编织出一条条独一无二的手链。

在编制手绳的过程中,我们选择相对简单的"单向平结法"来编手绳,利用漂亮的毛线进行打结、编织。婧熙小朋友率先掌握了编手链的要领,热心地做起小老师,把自己的经验传授给小伙伴。毛线在我们的手中变成了一件件精美的艺术品。

2 纸条编织

在编织的过程中,有的幼儿发现他的纸条并不固定,像小蛇一样乱跑,纷纷寻求老师的帮助。原来彩色纸并不是每一条都穿得一样,而是一条从上面钻进去,一条从下面钻进去。

图 5-5 幼儿编织作品

3 编织轮胎、编织椅子

幼儿渐渐地掌握了一些编织的方法,这让他们更加兴致勃勃地进行活动。区域活动中,幼儿主动要求要用毛线来做手工,还有什么可以用来作为编织工具呢?自己的小椅子、幼儿园的轮胎等等,通过一段时间的练习,从几人会织到大部分孩子会织再到人人会织,幼儿们创造出来许多作品,沉浸在编织的世界里,特别有成就感。

图 5-6　编织椅子、轮胎照片

在第三部分的"趣玩编织"中,我们根据《3～6岁儿童学习与发展指南》的艺术领域目标,鼓励幼儿发挥想象力和创造力,制作手链、编织小鱼等手工艺品。幼儿在亲子活动中与家长共同创作。这不仅加强了家庭的情感联系,也让幼儿体验到了艺术创作的乐趣。通过这些活动,幼儿们的审美能力和手工技能得到了提升,也培养了分享和合作精神。

三、总结与反思

在幼儿编织活动的开展过程中,我们看到了幼儿们的无限潜力和创造力。这一活动不仅丰富了幼儿的学习生活,还培养了他们的动手能力、专注力和耐心。通过学习编织的历史,幼儿了解到古人的智慧和勤劳。他们知道了编织是一种古老的手工艺,在古代就被人们广泛应用于生活中。这不仅拓宽了幼儿的知识面,还让他们对传统文化产生了浓厚的兴趣。通过编织活动,幼儿的肌肉得到了充分的锻炼,从最初的不熟练到逐渐掌握编织的技巧,幼儿学会了如何用小手灵活地摆弄编织材料。在户外游戏中,他们将编织作品运用到游戏中,比如编织抓尾巴的尾巴,一起玩传统游戏"编花篮",等等,进一步提高了幼儿对编织的兴趣与热情。在编织作品的创作过程中,幼儿发挥了自己的想象力和创造力,编织出的不同作品让幼儿感受到了成功的喜悦,增强了他们的自信心。幼儿有时会一起合作完成一个大型的编织作品。他们学会了分工合作,互相帮助,共同解决问题这种合作精神将对他们今后的生活产生积极的影响。

在活动初期,我们发现一些编织材料对于幼儿来说过于复杂或难以操作。例如,一些较细的毛线容易缠绕在一起,让孩子们感到困惑。针对这个问题,我们及时调整了材料,选择了更适合幼儿的粗毛线、布条等材料,使他们能够更容易地进行编织。部分幼儿在学习编织技巧时遇到了困难,如不会打结、编织不整齐等。我们通过示范、个别指导和小组互助的方式,帮助他们逐步掌握了编织的基本技巧。同时,我们还鼓励幼儿多尝试、多练习,在实践中不断提高自己的编织水平。由于幼儿的年龄特点,他们的注意力容易分散。在编织活动中,有些孩子会被周围的事物所吸引,无法专注于编织活动。为了解决这个问题,我们采用了多种方法,如设置有趣的编织任务、播放轻柔的音乐、提供适当的奖励等,以吸引幼儿的注意力,提高他们的参与度。

在今后的编织活动中,我们可以进一步丰富活动内容,如引入更多的编织方法和技巧,让幼儿尝试编织不同的物品。同时,我们还可以结合节日和主题活动,让孩子们制作相应的编织作品,增加活动的趣味性和实用性。编织不仅可以在幼儿园中开展,还可以延伸到家庭中。我们可以鼓励家长与孩子一起进行编织活动,增进亲子关系。同时,家长也可以为孩子提供更多的编织材料和创意,丰富孩子的编织经验。最后,我们还可以注重培养幼儿的审美能力。引导幼儿欣赏优秀的编织作品,让他们了解色彩搭配、造型设计等方面的知识,提高幼儿的审美水平,让他们的编织作品更加美观、富有创意。

·中班课程故事·
趣享花篮编织

一、课程缘起

一天,晓红拿着一个小花篮来到幼儿园,里面装着她心爱的图书和娃娃。小花篮别致可爱,瞬间吸引了小朋友们的目光,大家纷纷围上来:"你的小篮子五颜六色的,真漂亮呀,是编出来的吗?""我要是能编一个这样的小花篮就好了,我要把漂亮的花儿都插上。""我家也有这样的篮子,奶奶用它买菜呢!""我想编一个这样的小花篮,让它做我小猫咪的家,小猫咪想到哪里,我就把花篮提到哪里,让小花篮成为一个会动的家哦。"小朋友们好奇地围观,你一言我一语地谈论,眼中闪烁着对美好事物的向往和对新技能尝试的渴望,羡慕与喜爱之情溢于言表。

花篮编织是我国的一项传统民间手工艺,以简单的手法创造千变万化的形态和风格,可以插花、买菜、收集落叶,可以装玩具、装图书、养宠物,还可以装饰家居、赠送亲朋好友,既是生活用品又是工艺品,既有实用价值又有欣赏价值,体现了丰富多彩的中华传统文化。

《幼儿园教育指导纲要(试行)》中指出:"幼儿园的教育内容要贴近幼儿的生活,选择幼儿感兴趣的事物。充分利用社会资源,引导幼儿实际感受祖国文化的丰富与优秀。"中班幼儿已有平面编织经验,对于进一步探究更多材料与编法的立体编织萌发兴趣。由此我们开启了有趣的编织之旅,让幼儿切身感受花篮编织的艺术魅力。

二、课程内容与过程实录

（一）初识花篮编织

教师带领幼儿一起谈话交流、观看视频，了解花篮的历史、起源、发展、影响，为小朋友们打开花篮编织的大门，感受中国人的智慧，增进对编织花篮文化的了解。

接下来，幼儿开启了"寻编记"，搜集生活中各种各样的编织花篮——家里的、幼儿园里的、超市里的、公园的……通过各种资源进行搜集、查找，大家开了一个"编织花篮博览会"。在这个博览会里，幼儿了解到编织花篮种类丰富多彩：草编、绳编、纸编、竹编、藤编；造型千姿百态：扇形、新月形、花朵形；款式各种各样：手提花篮、空中吊篮、节庆花篮；编织花篮有很多的实用价值：装菜、装食品、装书、养小宠物……还很美丽，是工艺品也是纪念品，打扮我们的生活空间，传递美好的祝福。

教师反思：我们带领幼儿走进一个广阔的篮子世界，在这个世界里幼儿运用收集、整理、分类、记录等方式展开花篮朋友大调查。举办了"编织花篮博览会"，运用现代化的信息技术方式，幼儿欣赏种类繁多、造型各异的编织花篮，感知花篮朋友与自己生活的密切关系，感受编织花篮所蕴含的美好寓意，体验了中国民间传统手工艺的博大精深。

图 5-7　幼儿编织过程

图 5-8　编织调查表展示

（二）编织花篮进行时

《3～6岁儿童学习与发展指南》指出："幼儿科学学习的核心是激发探究兴趣，体验探究过程，发展初步的探究能力"。进入中班，编织由平面过渡到立体，幼儿对立体的花篮编织充满了好奇心和探究欲望，对于使用什么材料和工具、运用什么方法和技能、怎样能编出立体而又美丽的花篮有着浓厚的兴趣，幼儿有了继续探究的愿望，于是教师和幼儿走进花篮编织,一探究竟。

1 巧手编织花篮

问题一:怎样让花篮立起来呢?

围着花篮,小朋友们观察花篮的外形和结构,热烈讨论:"花篮要有一个底托着吧""还有花篮身体呢,这样才能装很多的东西呀!""还要有提手呀,这样才方便提着走来走去呢。"……小朋友们设计出了自己喜欢的花篮。

问题二:用什么编法呢? 先编的哪里? 后编的哪里?

幼儿跟随教师动手编一编,探究着十字编法和顺序。

问题三:小花猫要用花篮装钓的小鱼,用纸编的花篮不结实,那怎么办呢?

接下来,幼儿展开激烈讨论,探究哪种材料更结实呢? 并积极更换材料进行尝试。

图5-9 幼儿介绍花篮

图5-10 尝试编花篮

教师反思：通过观察图片、视频及动手操作等方式，幼儿初步探究了立体编织的基本方法。作为生活用品，篮子可以用来买菜、买鱼、买肉，这个时候篮子的结实程度很关键，使用什么样的编织材料，能够让编织出来的花篮更结实、更耐用，成了孩子们脑海中的小问号。编织花篮的过程中蕴含着很多学习和探究的机会，让幼儿在真实的生活场景中发现问题、解决问题，感受成功的喜悦，从而对花篮编织、探究产生更加浓厚的兴趣。

❷ 编织与辅助神器的邂逅

当幼儿发现通过自己的观察、调查、询问可以解决那么多问题时，他们的成就感、幸福感就会一直延伸到下一个活动。

新问题：绳很软，编织花篮很方便，但是绳太软了，怎样让绳编花篮立起来呢？

于是，活动区里有了小朋友们找寻材料的身影，找到了许多的"编织神器"：纸盘、纸碗、纸杯、木棍、细管、麻绳……

接下来，"编织神器"来助力，小朋友们大显身手，变废为宝：要将纸盘周围粘上木棍，分成数份。分开的木棍作为花篮的支柱，将编织麻绳围绕木棍一前一后有规律地缠绕。最后进行定型，美丽的花篮就做好啦。

图 5-11 观察花篮

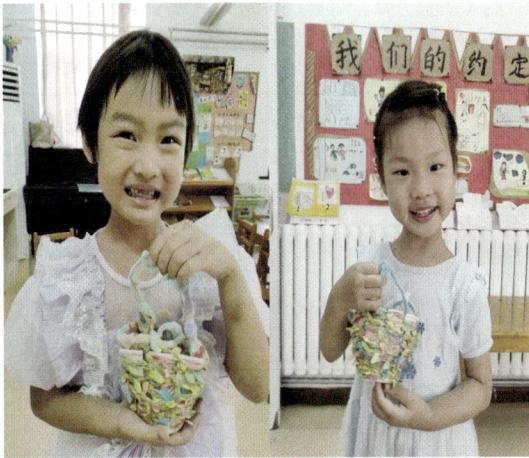

图 5-12 展示花篮

图 5-13 使用编织器编织

教师反思：前期幼儿进行了编织立体花篮的尝试，初步掌握了相应的方法，他们渴望进一步探究立体花篮的编织，获得更多的编织经验。《3～6岁儿童学习与发展指南》指出："提供丰富的便于幼儿取放的材料、工具或物品，支持幼儿进行自主绘画、手工、歌唱、表演等艺术活动。"于是，引导幼儿进一步探究加入纸盘、木根等，结合麻绳，学习缠绕编织的方法，体验了利用辅助材料进行组合编织的乐趣。

（三）创玩编织花篮

1 编花篮小游戏

编了这么多的花篮，幼儿脑洞大开："我们用编织的小篮子过家家吧！""对呀，我们可以采花、运粮食……"于是幼儿用前期自己动手制作的花篮作为蚂蚁运粮食、小兔子拔萝卜的篮子，展开游戏，体验了花篮编织的乐趣。

2 舞动编花篮

花篮编织是一项富有创意和技巧的手工活动，舞蹈又是幼儿表达情感和展现创造力的重要方式，两者相结合能够让幼儿以独特的艺术形式感受编织的魅力。"巧手编花篮"活动通过舞蹈动作创编，展现花篮编织的不同方法，如十字编、交叉编、三股编等。

3 篮子收纳小能手

幼儿用小篮子收纳图书、作品，玩具橱变整齐了。

教师反思：篮子与幼儿的生活紧密相连，幼儿亲身动手编织不同类型的花篮作为游戏玩具，体验花篮编织乐趣以及给日常生活带来的便利，将其对于花篮编织的热爱进一步升华。

图5-14 花篮的多种玩法（1）

图 5-14 花篮的多种玩法(2)

三、总结与反思

(一)花篮编织为幼儿探究编织文化搭建桥梁

在这个花篮编织的世界里,幼儿欣赏花篮编织的造型、纹样,探究立体花篮编织的种类、方法、工具、功能,感知花篮与自己生活的密切关系,动手编织不同类型的花篮作为游戏玩具,体验花篮编织乐趣以及给日常生活带来的便利,激发了幼儿探究编织的兴趣和愿望。

(二)花篮编织促进了幼儿多元化发展

主题活动的开展发展了幼儿的动手操作能力、探究能力,培养了幼儿对编织花篮多元文化的理解和欣赏能力,提高了想象力、创造力,让幼儿获得满足感与成就感,增强了民族自豪感,从而促进了传统手工艺的保护和传承。

(三)花篮编织实施过程促进教师专业化成长

在主题活动实施的过程中,教师始终站在幼儿的立场,追随幼儿的脚步,倾听幼儿心声,善于发现契机,挖掘潜能,为孩子实现花篮编织愿望搭建支架,把孩子们的兴趣点层层推进。幼儿尝试编织花篮过程是不断发现问题、提出问题、分析问题和解决问题的螺旋式上升探究性学习过程。教师不仅仅教会孩子编织花篮,更系统地让幼儿深入了解花篮编织背后的文化底蕴,让编织花篮融入幼儿的游戏、生活,让课程更富有生命力。

(四)延伸拓展幼儿对编织的愿望,与传统文化互生互长

接下来我们将会采用多样化教学,提供丰富材料,引导幼儿在已有经验的基础上再次进行探索思考,在操作探究的过程中与新经验相融合,拓宽视野。在一日生活、区域活动、艺术活动、家园社活动中鼓励幼儿继续创新花篮及其相关功能各种篮子朋友的编织,不断提高幼儿的编织兴趣和能力,让我们的传统手工艺文化持续发扬光大。

编织多彩梦　传承古技艺

一、课程缘起

在一个阳光明媚的日子里,幼儿正在大班的教室里进行着日常活动。几个幼儿在美工区偶然发现了一些精美的竹编工艺品,那细腻的纹路、精致的造型瞬间吸引了他们的目光。幼儿围在一起,叽叽喳喳地讨论着这些奇妙的物品是如何制作出来的。"这肯定是用很厉害的魔法变出来的。""不对不对,我觉得是有人用手一点一点做出来的。"他们的讨论声引起了教师的注意。教师走过来,拿起一个竹编小篮子,微笑着向幼儿介绍道:"这是竹编工艺品哦,是我们的祖先用智慧和双手创造出来的传统技艺,已经流传很久很久了。"幼儿眼中闪烁着好奇的光芒,对这种神奇的技艺充满了向往。看着他们如此浓厚的兴趣,我们开始思考,传统手工艺编织或许可以成为一个非常有意义的课程主题。

传统手工艺编织承载着悠久的历史和丰富的文化内涵。在过去,人们用双手编织出各种实用的物品,如衣物、篮子、地毯等。这些编织作品不仅具有实用价值,更是一种艺术表达。然而,在现代社会,随着科技的发展和生活节奏的加快,传统手工艺编织渐渐被人们遗忘。

我们觉得有必要让幼儿了解和传承这些珍贵的传统文化。此外,传统手工艺编织也可以成为幼儿了解历史和文化的窗口,让他们感受到古人的智慧和勤劳。

于是,编织之旅的大门缓缓开启。

图 5-15　欣赏编织工艺品

二、课程内容与过程实录

（一）初遇编织材料

教师将竹条、彩绳、彩条等各种各样的编织材料拿到教室,幼儿立刻被吸引,兴奋地围拢过来,眼中满是好奇与惊喜。他们轻轻触摸着这些材料,感受着不同的质感。这时,有幼儿问道:"老师,这些都是什么呀?"教师微笑着回答:"这些是我们接下来要进行编织活动的材料哦。这个是竹条,它是用竹子做成的,比较坚硬,可以用来编织各种坚固的物品。这个像彩虹一样漂亮的是彩绳,可以编织出很多美丽的小饰品。还有这个柔软的是彩条,可以用来制作可爱的造型。"接着,教师让幼儿自由观察这些材料,引导他们说说每种材料的特点。

图 5-16　认识编织材料

教师反思:在引入新的材料时,先让幼儿自主观察和感受,这能够激发他们的兴趣和好奇心。通过提问和引导,幼儿积极参与讨论,有助于他们更好地认识材料。在以后的活动中,可以多给幼儿一些自主探索的时间,培养他们的观察能力和思考能力。

（二）探索竹编世界

教师先展示了一些简单的竹编作品,如竹篮、竹盘等,幼儿看着这些作品,发出阵阵惊叹。随后,教师给每个幼儿发了一些竹条,让他们尝试编织。幼儿兴奋地拿起竹条开始动手,但很快就遇到了问题。竹条比较硬,不好弯曲,有的幼儿用力过猛把竹条弄断了,有的幼儿不知道怎么把竹条固定在一起。教师看到后,马上进行示范。教师拿起一根竹条,用钳子轻轻夹住一端,慢慢地弯曲,然后告诉幼儿:"竹条比较硬,我们可以用这种小钳子来帮忙弯曲哦。固定竹条的时候,可以像这样交叉摆放,再

图 5-17　观察竹编

用细一点的竹条缠绕固定。"幼儿纷纷模仿教师的动作尝试起来。

教师反思:在开展竹编活动前,应该先让幼儿对竹条的特性有一定的了解,可以通过一些小实验让他们感受竹条的硬度和可弯曲性。在幼儿遇到问题时,及时进行示范和指导非常重要,能够让他们更快地掌握方法。同时,要鼓励幼儿多尝试不同的方法,培养他们的创新思维。

(三)彩绳编织之趣

幼儿对彩绳编织充满热情,纷纷动手尝试编织手链、项链、耳环等小饰品。然而,不一会儿,问题就出现了。彩绳容易打结,影响了编织进度。幼儿纷纷向教师求助:"老师,我的绳子打结了,怎么办呀?"教师耐心地走到幼儿身边,说:"别着急,我们先把打结的地方轻轻解开。以后在编织的时候,要把彩绳整理好,不要随意拉扯。可以把彩绳一段一段摆放整齐,这样就不容易打结了。"教师一边说一边示范如何整理彩绳。幼儿按照教师的方法重新开始编织。

图 5-18　彩绳编织

教师反思:在进行彩绳编织活动之前,应该先教幼儿一些整理彩绳的方法,避免出现绳子打结的情况。当幼儿遇到问题时,要引导他们自己思考解决问题的方法,培养他们的问题解决能力。同时,可以组织小组活动,让幼儿互相帮助,共同解决问题。

(四)彩条编织的挑战

教师先展示了一些用彩条编织的作品,如花朵、小动物等,幼儿被这些精美的作品深深吸引。当幼儿开始自己动手编织时,却发现彩条编织难度较大。有的幼儿不知道如何将彩条固定在一起,有的幼儿无法编织出想要的形状,还有的幼儿在编织过程中把彩条弄断了。教师看到幼儿的困惑,便拿起彩条进行详细的示范。"我们可以先把彩条对折,然后慢慢地缠绕,就可以做出一朵小花。固定彩条的时候,可以用胶水或者细彩绳。"教师还鼓励幼儿互相交流、互相学习。幼儿在教师的指导和同伴的帮助下,逐渐掌握了彩条编织的技巧。

图 5-19　彩条编织

教师反思:对于难度较大的彩条编织活动,要进行详细的示范,让幼儿们清楚地看到每一个步骤。将幼儿们分成小组,促进他们之间的交流与合作,能够提高他们的学习效果。在活动中,要多鼓励幼儿们勇敢尝试,不怕失败,培养他们的坚持和毅力。

(五)创意编织大比拼

在幼儿了解和掌握了各种材料的编织技巧后,教师组织了一场创意编织大比拼活动,让幼儿自由选择编织材料,发挥自己的想象力和创造力,制作独一无二的作品。幼儿兴奋不已,有的想用竹条和彩绳编织一个梦幻的城堡,有的想用彩条编织一个可爱的小精灵,还有的想用各种材料组合出一个奇妙的动物园。在创作过程中,部分幼儿在创意方面表现得有些不足。教师便展示了一些更有创意的编织作品,激发幼儿的灵

图 5-20　编织作品展示

感。"看,这个用竹条和彩绳编织的小飞机多有创意呀!我们可以从身边的事物中获取灵感,也可以尝试用不同的材料组合出新颖的作品。"幼儿在教师的启发下,继续投入创作。

教师反思:在日常的教学活动中,要多给幼儿提供创意灵感,激发他们的想象力。组织创意分享活动,让幼儿互相交流、互相学习,拓宽他们的思路。同时,要注重培养其观察能力,引导他们从周围的环境中寻找创意元素。

三、总结与反思

(一)编织活动对幼儿学习发展的价值

❶ 提升动手能力与专注力

在整个编织课程中,幼儿不断地摆弄各种编织材料,从一开始的略显笨拙到逐渐熟练掌握编织技巧,他们学会了用钳子弯曲竹条、小心地给彩绳打结、耐心地缠绕彩条等。这个过程中,幼儿的手指灵活性、协调性得到了显著提高,同时也培养了他们的专注力。当幼儿专注于编织一件作品时,他们会全身心地投入其中,这种专注力的培养对他们日后的学习和生活至关重要。

❷ 激发创造力与想象力

编织活动为幼儿提供了一个自由发挥的平台。他们可以根据自己的喜好和想象选择不同的材料,创造出独一无二的作品。无论是用竹条搭建的小房子,还是用彩条编织的小公主,都展现了幼儿丰富的创造力和想象力。在这个过程中,幼儿学会了从不同的角度思考问题,尝试新的方法和技巧,这种创新思维的培养将为他们的未来发展打下坚实的基础。

❸ 感受传统文化魅力

通过接触竹编、绳编、彩条编等传统编织技艺,孩子们深刻感受到了传统文化的魅力。他们了解到这些技艺是先辈们智慧的结晶,承载着历史的记忆。在学习编织的过程中,幼儿对传统文化产生了浓厚的兴趣,增强了民族自豪感。同时,这也为他们打开了一扇了解传统文化的窗户,激发了他们对历史和文化的探索欲望。

(二)教师在课程中的反思

❶ 知识储备与教学方法的提升

在编织课程的实施过程中,教师深刻认识到自己在传统编织技艺方面的知识储备还不够丰富。为了更好地引导幼儿学习编织,教师需要不断学习和了解更多的编织知识和技巧,以便能够更准确地解答幼儿的问题,提供更专业的指导。同时,教师也需要不断探索创新的教学方法,根据幼儿的实际情况和兴趣点,设计出更加生动有趣、富有挑战性的编织活动,激发幼儿的学习热情。

❷ 对幼儿个体差异的关注

在编织课程中,教师发现孩子们在动手能力、创造力和学习进度等方面存在着个体差异。有些幼儿很快就能掌握编织技巧,而有些幼儿则需要更多的时间和指导。教师意识到在今后的教学中,需要更加关注幼儿的个体差异,根据每个幼儿的特点和需求,提供个性化的指导和支持。可以通过小组合作、个别辅导等方式,让每个幼儿都能在编织课程中得到充分的发展。

·小班游戏故事·
小小编织　大大成长

一、课程缘起

幼儿园的区角活动时间一直是孩子们尽情探索的欢乐时光。这天,几个活泼可爱的小朋友像一群欢快的小鸟般飞到了图书角,"哇,这本绘本好漂亮!"一个扎着小辫子的女孩兴奋地叫起来。其他小朋友闻声围了过来,大家的目光都被绘本上那些色彩斑斓、有着漂亮编织图案的画面吸引住了。"看,这个像小花!""这个像小毯子。"孩子们叽叽喳喳地议论着,小手指不停地指着绘本上的编织物。

图 5-21　师幼同看编织图书

"这是怎么做出来的呢?"卓卓满脸疑惑地问道。"肯定很难吧。"阿言小朋友歪着脑袋回应。他们的讨论声越来越大,教师微笑着走过去,轻轻拿起绘本,温柔地对孩子们说:"这是用毛线编织出来的哦,有很多不同的方法呢。可以编出漂亮的围巾、帽子,还有小挂件。"孩子们眼中顿时闪烁着好奇的光芒,一个个迫不及待地说:"老师,我也想试试。""我也要编织。"

结合《3~6 岁幼儿发展指南》中提出的尊重幼儿的兴趣爱好,引导幼儿主动探索。孩子们对编织这么感兴趣,这正是一个引导他们探索和学习的好机会。于是,教师决定开展一次关于编织的课程活动,让幼儿在动手操作中感受编织的乐趣和魅力。

二、课程内容与过程实录

（一）编织之趣初体验

教师首先精心收集了一些色彩鲜艳的毛线和塑料编织针等简单的编织工具，展示给幼儿看。"小朋友们，今天我们要一起探索一个有趣的新活动——编织。"幼儿兴奋地看着这些新奇的材料，眼中充满了好奇。教师拿着毛线和编织针，慢慢地演示如何将毛线穿过编织针的小孔，幼儿聚精会神地看着，仿佛在观看一场精彩的魔术表演。随后，教师给每个孩子发了一小段毛线和一根编织针，让他们自己尝试。幼儿立刻投入其中，有的小心翼翼地拿着毛线，试图找到编织针的小孔；有的则迫不及待地想要把毛线穿进去，却发现并不容易。"哎呀，我的毛线穿不进去。""老师，帮帮我。"幼儿遇到了各种小困难。教师耐心地走到每个孩子身边，轻声地给予指导："别着急，慢慢来，先把毛线的一头弄细一点，再对准小孔穿进去。"在教师的帮助下，慢慢地，一些幼儿成功地将毛线穿了进去，脸上露出了自豪的笑容。这小小的成功让他们感受到了努力后的喜悦，也增强了他们继续探索的信心。

教师分析："编织之趣初体验"这个环节，主要目的是让幼儿初步接触编织，激发他们的兴趣和好奇心。从《3～6岁儿童学习与发展指南》的角度来看，此活动有助于锻炼幼儿的手部精细动作。幼儿在尝试将毛线穿进编织针的过程中，需要手眼协调，这对他们的肌肉发展非常有益。同时，当幼儿遇到困难向教师求助时，教师耐心地给予指导，培养了幼儿主动寻求帮助和解决问题的能力。

图 5-22　交流编织方法

图 5-23　尝试编织

（二）合作编织小挑战

随着幼儿对编织有了初步的了解，老师决定增加一些难度，让幼儿进行合作编织。"小朋友们，我们现在要一起合作，编织一个更大的作品哦。"教师的话语激发了幼儿的挑战欲望。教师把幼儿分成几个小组，每个小组发了一团较大的毛线和几根编织针。

幼儿开始热烈地讨论要编织什么。"我们编一个小毯子吧。""不行,编一个大围巾。"大家各抒己见,最后经过协商,决定编一个彩色的花环。幼儿迅速分工合作,有的负责拿毛线,有的负责穿针,有的负责整理。"你把毛线拉紧一点。""我来穿针。"在这个过程中,幼儿学会了倾听他人的意见,学会了分工合作,也学会了在出现问题时共同协商解决。教师在旁边观察着幼儿的表现,适时地给予一些建议和鼓励。幼儿在合作中学会了沟通和协调,培养了团队合作精神。

教师分析:此环节旨在增加难度,让幼儿在合作中学会沟通、协调和团队合作。根据《3~6岁儿童学习与发展指南》,培养幼儿的人际交往能力和合作精神是非常重要的。通过合作编织,幼儿不仅能够锻炼这些能力,还能体验共同完成一件作品的成就感。

图 5-24 绳编

(三)创意编织大展示

经过一段时间的学习和实践,幼儿对编织已经比较熟悉了。教师鼓励幼儿发挥自己的想象力,进行创意编织。"小朋友们,现在你们可以用毛线编织出自己喜欢的东西哦。"幼儿的思维顿时活跃起来,开始大胆地尝试。

有的幼儿编织了一个小小的蝴蝶结,精致而可爱;有的编织了一个可爱的小动物,栩栩如生;还有的孩子编织了一朵漂亮的花,色彩鲜艳。"老师,看我编的小兔子。""我的花最漂亮。"幼儿兴奋地展示着自己的创意作品。教师对每个幼儿的作品都给予了充分的肯定和赞美,让幼儿感受到自己的努力和创意得到了认可。

接着,教师将幼儿的作品布置在教室里,让大家一起欣赏。孩子们看到自己的作品被展示出来,充满了成就感。他们互相欣赏着彼此的作品,交流着创作的想法和经验。这个环节不仅激发了幼儿的创造力和想象力,还培养了他们的审美能力和分享意识。

教师分析:这个环节充分激发了幼儿的创造力和想象力,符合《3~6岁儿童学习与发展指南》中对幼儿艺术领域发展的要求。幼儿在自由创作的过程中,可以发挥自己的想象力,用毛线编织出各种独特的作品。同时,通过展示作品,幼儿能够获得成就感,增强自信心。

图 5-25　幼儿编织作品

(四)编织故事分享会

为了让编织活动更加丰富多彩,教师组织了一场编织故事分享会。"小朋友们,你们可以用自己编织的作品来讲一个故事哦。"幼儿纷纷拿起自己的编织作品,开始构思故事。

有的幼儿用稚嫩的声音讲述着:"我的小兔子去花园里玩。"有的说:"我的花送给妈妈。"幼儿的故事充满了童真和情感。教师认真地倾听着每个孩子的故事,给予他们积极的反馈和鼓励。

教师分析:编织故事分享会不仅锻炼了孩子们的语言表达能力,还让他们在编织的过程中融入了情感和想象。根据《3~6岁儿童学习与发展指南》,幼儿期是语言发展的关键时期。这样的活动,可以为孩子们提供一个表达自己的平台,促进他们语言能力的发展。同时,让幼儿用编织作品讲故事,也能加深他们对编织活动的理解和感受。

图 5-26　赠送作品

三、总结与反思

从《3～6 岁儿童学习与发展指南》的层面来说，此次关于编织的课程充分尊重幼儿的兴趣爱好，生发于幼儿的生活与好奇。幼儿因为看到绘本上的编织物而产生了浓厚兴趣，教师抓住这个契机从而开展了此次关于编织课程。在整个课程过程中，幼儿通过实际操作、合作探索以及创意表达，全方位地锻炼了手部精细动作、想象力、创造力、合作意识和语言表达能力等，这也让我意识到一定要更加敏锐地关注幼儿的兴趣点，从儿童视角为出发点，以兴趣为引导来开展教学活动，让幼儿在快乐中学习，这样他们才会更积极主动地投入活动。合作编织的环节尤其让我惊喜，作为小班的孩子一般会以自我为中心，可在这次合作编织中他们竟然也开始了分工合作、沟通协调和互相帮助。这充分说明适当给幼儿一些挑战和任务，能够有力地促进他们人际交往能力和合作精神的发展。所以在今后的教学中，我们应该多设计一些合作性的活动，让幼儿在合作的过程中学会与他人相处，懂得团队的力量。

创意编织和故事分享会则让幼儿的想象力和语言表达能力得到了尽情释放，教师应该给予幼儿更多的自由和空间，让他们毫无顾忌地表达自己的想法和创意。同时，教师可以通过绘画、手工、故事等多种方式，激发幼儿的想象力和创造力，推动他们全面发展。

总之，这次编织课程活动是一次非常成功且有意义的尝试，它让我们看到了幼儿身上蕴藏的无限潜力，也让我们更加明确了今后的教学方向，陪伴幼儿一起在幼儿园里度过快乐又有意义的时光。

·中班游戏故事·

毛线粉刷匠

一、活动背景

随着幼儿园传统文化工坊准备活动的推进,班级采用相应材料以丰富幼儿的活动体验。《幼儿园教育指导纲要(试行)》中指出:"要提供丰富的可操作的材料,让每个幼儿都能运用多种感官、多种方式进行探索提供活动的条件。"

处于色彩敏感期的3~6岁幼儿,对颜色有着天然的敏感度。前期班级观察中发现,幼儿常常会被鲜艳的色彩所吸引,对不同颜色表现出浓厚的兴趣和好奇心。他们能够准确地识别常见的颜色,并能表达对特定颜色的喜好。同时,在日常活动中,班级幼儿的动手能力也在逐步发展。他们乐于尝试各种手工活动,如绘画、剪纸等,初步具备了一定的手部精细动作能力和操作技巧。

毛线作为一种传统的手工材料,色彩鲜艳且可操作性强。引入八股毛线等材料,既契合了幼儿色彩敏感期的特点,又能让幼儿在动手操作中感受传统文化的魅力。通过"毛线粉刷匠"活动,幼儿用毛线给不同的东西缠上毛线,赋予其丰富的色彩,在这个过程中进一步提升对颜色的认知和敏感度,同时锻炼手部精细动作和创造力,为幼儿园传统文化工坊的建设增添生动元素,促进幼儿全面发展。

二、活动内容与过程实录

(一)毛线初互动——古怪的剪刀

第一次拿到毛线后,文文和轩轩兴奋地扯着毛线在纸上围出各种形状,一会儿是圆形,一会儿是三角形。玩着玩着,轩轩决定剪掉剩余的毛线,然而他用剪纸的剪刀尝试了好几次,毛线不仅没断,还脱线变得乱糟糟。

老师默默观察着这一切,并用手机记录下他们裁剪的瞬间。当两个小朋友带着疑问找到老师时,老师没有直接给出答案,而是展示照片让他们自己寻找差异。有幼儿立刻发现:他们剪的位置不一样。

原来,轩轩是在靠近剪刀交叉处剪毛线,轻松就剪断了;而文文是在靠近剪刀头的位置剪,比较费力,所以剪了好几次都没成功。

教师反思:文文和轩轩在玩毛线的过程中遇到剪毛线的问题,通过引导他们自己发现差异,孩子们学会了解决问题,提升了观察力和思考能力。这让我认识到,要给幼儿足够的自主探索空间,巧妙引导他们自己寻找答案,让他们真正成为学习的主人。

图 5-27 幼儿用剪刀裁剪

图 5-28 在纸上摆出不同形状

(二)毛线再互动——绕啊绕啊绕

在上次的游戏经验分享后,小朋友们接触毛线时开始有意识地用剪刀作为工具,也学会了如何更好地操控剪刀,为后续的游戏提供了基本的经验支持。

问题一:毛线如何打结?

在今天的游戏,翔翔找到了新的活动材料——雪糕棒。翔翔玩了会儿过来说:"我想把毛线缠到这个雪糕棒上,但是这个线一直在跑。""你需要我怎样帮助你?"翔翔自己分析道:"我需要你帮我把毛线的头固定一下,我知道打个结就行,但是我不会打结。"

我先带领翔翔单独找了两根粗的编织绳练习打结,把打结的过程进行细致讲解:先用毛线打个小叉号,然后拉住一根线头钻到洞里面,最后拉动两根绳子,结就打好啦!其他小朋友看到后也纷纷拿起绳子,跟着我一起练习打结。

在掌握好打结这项技能后,翔翔继续进行他的创作,他熟练地把毛线固定在了雪糕棒上,然后拿着毛线一圈一圈绕了起来,很快,光秃秃的雪糕棒变成了一根漂亮的毛线棒。一旁的霖霖看到了,也拿来相同的材料,学着翔翔的操作对雪糕棒进行毛线缠绕。

教师反思:在这次与翔翔的互动中,我深刻体会到了幼儿在游戏中的自主探索和成长需求。翔翔遇到问题能分析出所需的技能支持,展现出思考能力。带领他练习打结,吸引其他小朋友参与,说明以个体需求切入可激发集体学习兴趣。今后要更敏锐地观察幼儿行为和需求,把握引导时机与方式,为幼儿自主探索和发展创造有利条件,让他们在游戏中不断成长和进

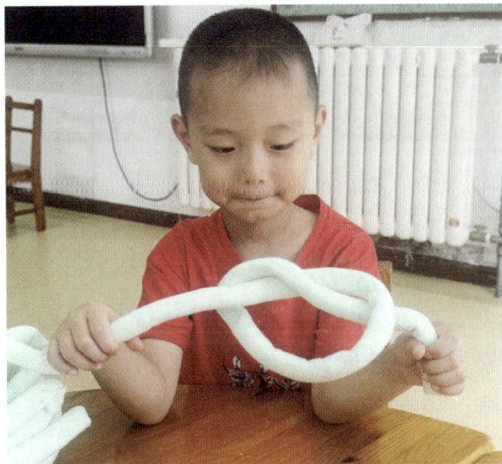

图 5-29 幼儿打结

步,真正成为学习的主人。

问题二:毛线怎么缠?

在进行完缠绕之后,霖霖发现自己做的和翔翔做的有点不太一样:"哈哈,我的毛线怎么这么胖啊!"翔翔看了一眼说道:"你得往前面缠啊。"霖霖试了一下说:"可是我一往前毛线就散了啊。"翔翔拿过霖霖的毛线棒尝试进行调整,确如霖霖说的那样,一往前毛线就散开了。

"是不是毛线打结了,所以才这么厚?"

"我觉得霖霖的毛线没有规律,它们是乱缠的。"

"对,毛线要排好队才能整齐,像我们放学站队一样。"

"还要缠得紧一点。"

在讨论声中,大家终于得出了结论:毛线的缠绕也要有规律,一根一根排好队,才能把雪糕棒装饰好。

教师反思:此次活动中,霖霖和翔翔的互动引发了大家的共同探索,孩子们积极尝试、各抒己见,展现出强烈的好奇心和解决问题的意愿。他们通过观察对比、分析思考,得出毛线缠绕要有规律的结论,这一过程提升了幼儿的思维能力。这也让我认识到,要多给予幼儿自主探索的空间,鼓励他们在互动中学习。相信在这样的氛围下,孩子们会不断成长,获得更多的知识和技能。

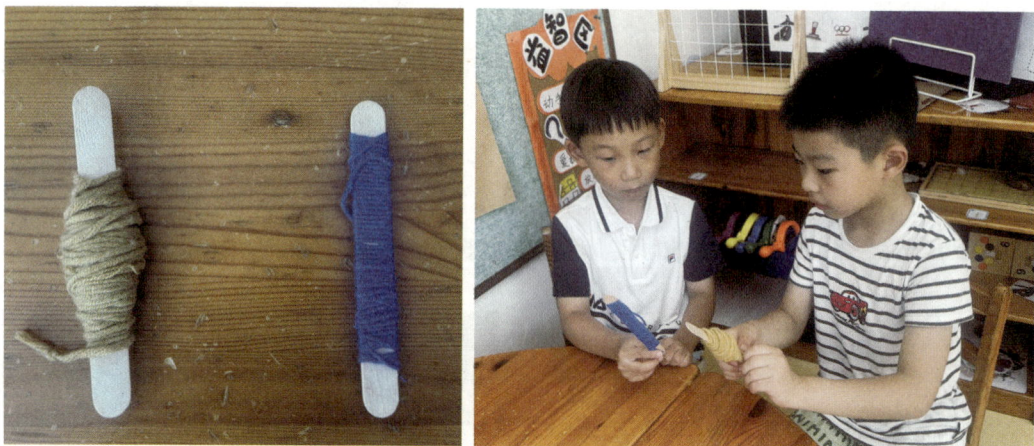

图 5-30 缠毛线

(三)毛线新玩法——小小粉刷匠

小朋友们熟练掌握毛线缠绕方式后,便纷纷用毛线装点光秃秃的雪糕棒。他们的想象力如烟花般绚烂绽放,红色毛线棒变成了金箍棒,绿色的成了大树,彩色的则是魔法棒。还有小朋友相互合作,用毛线棒拼摆造型。

皓皓挑选黄色毛线棒,试图搭建青岛特色建筑回澜阁,然而屋顶只能平着放,这成了难题。程程拿来胶棒帮忙,却因黏性不强失败,接着他们又尝试透明胶带、双面胶等,皆无成效。于是程程想到了可以用胶枪来固定。可是在固定过程中,粘到第三四根时出现问题——毛线贴在一起,雪糕棒却脱离,屋顶东倒西歪。此时,有小朋友提议先把雪糕棒粘在一起,大家纷纷响应。

教师和幼儿共同配合,"毛线粉刷匠"们登场。幼儿认真对比回澜阁图片上的颜色搭配,分工合作,有的负责屋顶黄色部分,有的负责红色柱子,还有的负责蓝色装饰。在掌握正确使用剪刀、打结方式和缠绕步骤后,幼儿的"施工队"显得专业许多。小小的回澜阁在他们手中被赋予新色彩。

教师反思:幼儿在掌握毛线缠绕技能后充分发挥想象力创作,搭建回澜阁虽遇难题,但他们积极尝试各种方法,展现出强烈的解决问题的主动性。教师应给予孩子更多自主探索空间和尝试新事物的机会。他们在合作中展现的专业模样,见证了成长与智慧。今后要继续鼓励合作与创新,促进孩子们全面发展。

图 5-31　尝试制作作品

三、活动特点及价值所在

(一)立足真实问题,让幼儿学会思考

《3～6岁儿童学习与发展指南》明确指出,教师要支持和鼓励幼儿大胆联想、猜测问题的答案并设法验证。在案例中,幼儿在与毛线互动时遇到了一系列真实问题,如"剪刀怎么一会儿好用,一会儿不好用?""毛线怎么固定在雪糕棒上?""毛线应该怎么缠?"等。这些问题的出现,激发了幼儿积极主动解决问题的动力。

当幼儿面对这些问题时,他们没有退缩,而是勇敢地尝试各种方法。在解决问题的过程中,教师给予了充足的支持和试错的机会。这种方式让幼儿在实践中学会思考,锻炼了他们发现问题和解决问题的能力,同时也培养了他们的耐心和毅力。

（二）教师适时介入，为幼儿提供支持

在幼儿与毛线的互动过程中，教师的适时介入起到了关键作用。教师先是采用语言指导介入，帮助幼儿在现有基础上对游戏进行再续的探索。当文文和轩轩对于同一把剪刀的使用感受不同而产生疑问时，教师没有直接进行解答，而是采用拍照捕捉重点并让幼儿自主分析。这种引导方式，不仅让幼儿自己发现问题所在，还促进了幼儿游戏观察能力和思维能力的提升。

教师的适时介入，为游戏的延续和提升提供了有效的支持。教师要善于观察幼儿的游戏行为，在幼儿需要帮助时及时介入，给予恰当的指导。同时，教师也要尊重幼儿的自主探索，避免过度干预，让幼儿在自主探索中获得成长。

（三）利用同伴合作，让学习更有成效

《幼儿园教育指导纲要（试行）》指出，教师要为幼儿创设展示自己作品的条件，引导幼儿相互交流，相互欣赏，共同提高。在幼儿与毛线的互动中，同伴合作发挥了重要作用。

当注意到霖霖的缠绕方式存在问题时，教师没有进行过多干预，而是让幼儿在操作中自己发现问题所在并引导周围儿童进行讨论。这种方式带动了幼儿合力思考，充分发挥了不同幼儿的长处。同伴的共同参与也更好地带动了其他幼儿的兴趣，促进了游戏的多向推进。

通过幼儿与毛线的互动过程，我们可以看到立足真实问题、教师适时介入和利用同伴合作在幼儿教育中的重要性。教师要善于抓住教育契机，引导幼儿在自主探索中学会思考，在合作中共同成长。只有这样，我们才能为幼儿的未来发展提供更好的支持和帮助。

·大班游戏故事·
"线"动童年

一、活动背景

在大班幼儿的教育活动中，我们注重培养幼儿的观察力、创造力和动手能力。近期观察发现，幼儿在户外活动时对毽子表现出了浓厚的兴趣。毽子作为一种传统的体育器材，其色彩鲜艳的羽毛、灵动的飞行姿态以及多样的玩法，深深地吸引着幼儿。他们积极参与踢毽子活动，在玩耍过程中不断尝试各种技巧，如单脚踢、双脚交替踢等，同时还会相互比赛，看谁踢得更多、更稳。毽子不仅锻炼了他们的身体协调性和平衡能力，还为他们带来了许多欢乐和成就感。

然而，一次偶然的机会，幼儿在自由活动中接触到了毛线。毛线柔软的质地、丰富的色彩和可随意变形的特点引发了他们的好奇心。当幼儿拿着毛线在手中摆弄时，有人联

想到了毽子上的羽毛,发现两者在形态和触感上有一定的相似性。这个发现瞬间点燃了幼儿的创意火花,他们开始思考是否可以用毛线来制作毽子。这一想法既源于他们对毽子的喜爱,又体现了他们对新事物的探索精神和创造力。基于此,我们决定开展一场将编织与户外体育游戏相结合的活动,以支持孩子们的探索欲望,进一步培养他们的综合能力。

二、活动内容与过程实录

(一)"惊鸿一瞥":毛毽初遇的火花

幼儿带着毛线来到户外,一开始只是随意地摆弄着毛线,将它抛来抛去,或者在地上拖着走。这时,一名幼儿不小心将毛线缠到了毽子上,当他试图解开时,惊讶地发现毽子上的羽毛排列和毛线似乎有某种相似之处。他兴奋地叫起来:"大家快来看,毽子的羽毛和我们的毛线好像啊!"其他小朋友纷纷围过来观察,七嘴八舌地讨论起来。

"真的耶,我们能不能用毛线也做一个毽子呢?"一名幼儿提出了这个想法,立刻得到了大家的一致赞同。于是,一场用毛线制作毽子的探索之旅开始了。

图 5-32　幼儿踢毽子

(二)"寻材觅宝":制作材料的选择

幼儿首先面临的问题是选择制作毽子的材料。他们围坐在一起,开始讨论可以用什么来代替毽子上的羽毛和底部的重物。

"我们可以用彩纸来做羽毛,彩纸很漂亮。"一个小朋友说。

"可是彩纸太轻了,风一吹就会飞跑的。"另一个小朋友提出了反对意见。

"那用树叶呢?树叶也有很多形状。"又有孩子提议。

"树叶会烂掉的,而且也不好固定在毛线上。"大家纷纷摇头。

经过一番激烈的讨论,孩子们还是觉得毛线最适合做"羽毛"部分,因为它柔软且可以随意编织。但是对于底部的重物,大家陷入了困境。

教师反思:在这个过程中,幼儿积极思考,提出了各种不同的想法,这充分展示了他们的创造力和想象力。然而,由于生活经验的限制,他们在选择材料时遇到了困难。作为教师,我应该适时给予一些引导,帮助他们拓宽思路,同时也可以提供一些相关的材料供他们参考和选择。

图 5-33　幼儿选择不同材料

(三)"编织挑战":动手编织的尝试

确定好使用毛线后,幼儿开始尝试将毛线编织起来。他们有的试图模仿妈妈织毛衣的样子,用两根竹签来编织;有的则直接用手将毛线缠绕在一起。但是,他们很快发现毛线很容易散开,无法形成一个紧密的"羽毛"团。

"老师,这个毛线总是不听话,怎么办呀?"幼儿向我求助。

我拿起一根毛线,示范给他们看如何将毛线打结,然后再慢慢地缠绕,并且告诉他们可以多缠绕几圈,增加牢固性。幼儿按照我的方法再次尝试,这次有了一些进步,但还是不够整齐。

在解决了编织问题后,幼儿又面临如何将编织好的毛线固定在底部重物上的难题。他们尝试用胶水粘,但是胶水干得太慢,而且不太牢固。

"我们可以用绳子绑起来。"一个聪明的幼儿想到了办法。

于是,他们找来一些细绳子,开始小心翼翼地将毛线绑在一块小石头上。可是,小石头太滑,毛线绑不住,总是滑落下来。

教师反思:幼儿在编织和固定的过程中遇到了不少挫折,但他们并没有轻易放弃,而是不断尝试新的方法。这让我看到了他们的坚持和努力。在这个时候,我作为引导者,应该给予他们适当的技术指导,同时鼓励他们相互合作,共同解决问题。例如,可以引导他们观察一些编织物品的结构,或者让他们一起讨论如何更好地固定毛线和重物。

图 5-34　尝试制作

（四）"破茧成蝶"：攻克难题的成果

经过多次尝试失败后，幼儿并没有气馁。他们开始重新思考底部重物的选择。

"我们找一个重一点的东西，而且不能太滑。"幼儿总结经验。

这时，有个孩子发现了一个废旧的螺母，他兴奋地说："这个螺母可以吗？它很重，而且有螺纹，应该可以绑住毛线。"

大家一致认为这个主意不错，于是开始用毛线将编织好的"羽毛"部分绑在螺母上。这次，他们更加细心和耐心，经过一番努力，终于成功地制作出了一个毛线毽子。

"我们成功啦！我们的毽子做好啦！"幼儿欢呼雀跃，拿着自己制作的毽子在操场上开心地踢起来。

图 5-35　踢毛线毽子

（五）"欢乐嬉毽"：游戏分享的乐趣

幼儿用自己制作的毽子进行了各种有趣的游戏。他们互相比赛，看谁踢得最多；还一起创编了一些新的游戏玩法，如将毽子抛接、用毽子进行接力比赛等。在游戏过程中，孩子们不仅体验到了成功的喜悦，还锻炼了身体协调能力和团队合作精神。

图 5-36　毽子的不同玩法

游戏结束后，幼儿围坐在一起，分享自己在制作毽子和游戏过程中的感受和收获。

"我觉得做毽子很难，但是我们没有放弃，最后终于成功了，我很开心。"一名幼儿说。

"我学会了怎么编织毛线，还知道了要选择合适的材料。"另一名幼儿接着说。

"我们一起合作做毽子，一起玩游戏，真好玩！"幼儿纷纷表达着自己的想法。

教师反思：通过这次活动，幼儿不仅学会了制作毽子，更重要的是在这个过程中培养了他们的问题解决能力、创造力、团队合作精神和坚持不懈的品质。他们在面对困难时，能够积极思考，尝试不同的方法，不断调整自己的策略。作为教师，我为孩子们的表现感到骄傲。在今后的活动中，我将继续提供更多这样的机会，让幼儿在自主探索和实践中不断成长。

三、活动特点及价值所在

（一）跨领域融合

本次活动将编织艺术与户外体育游戏有机结合，打破了传统学科领域的界限。幼儿在制作毽子的过程中,既锻炼了手工编织技能,又将其应用到体育游戏中,实现了艺术与体育的相互渗透。这种跨领域的融合方式有助于拓宽孩子们的视野,让他们感受到不同领域之间的联系,培养他们的综合素养。

（二）自主探索与问题解决

活动中,幼儿始终处于自主探索的状态,从发现毽子与毛线的相似之处,到选择材料、尝试编织和解决固定问题,每个环节都是他们自己思考、尝试和实践的过程。在这个过程中,他们遇到了各种各样的问题,但通过不断的努力和尝试,最终找到了解决问题的方法。这不仅培养了幼儿的问题解决能力,还增强了他们的自信心和成就感,让他们体验自主学习的乐趣。

（三）创造力培养

幼儿在模仿毽子制作的基础上,充分发挥自己的想象力和创造力,对材料和制作方法进行了创新。他们提出了用毛线做"羽毛"、用螺母做底部重物等独特的想法,并且在编织过程中尝试了不同的方式和技巧。这种创造力的培养对于幼儿的未来发展具有重要意义,它能够激发幼儿的创新思维,让他们在面对新的问题和挑战时,能够灵活运用所学知识和经验,提出新颖的解决方案。

（四）团队合作精神

在整个活动过程中,幼儿相互合作、共同探讨。他们一起讨论材料的选择、分享自己的想法和经验,在遇到困难时互相帮助、互相鼓励。例如,在编织毛线和固定重物时,幼儿分工合作,有的负责缠绕毛线,有的负责绑绳子,有的负责寻找合适的材料。通过这种团队合作,幼儿学会了倾听他人的意见,尊重他人的想法,提高了团队协作能力和沟通能力,培养了良好的人际关系。

（五）情感体验与价值观培养

幼儿在活动中经历了从好奇、兴奋到遇到困难时的困惑,再到最终成功的喜悦等一系列丰富的情感体验。这些情感体验有助于幼儿培养积极的心态和坚韧不拔的意志品质。同时,通过自己动手制作毽子并进行游戏,幼儿体会到了劳动的价值和乐趣,懂得了珍惜自己的劳动成果。这种价值观的培养将对幼儿的成长产生深远的影响,让他们在今后的生活中更加热爱劳动、尊重他人的劳动成果,并且具备面对困难和挑战的勇气和信心。

总之,这次编织与户外体育游戏相结合的活动,不仅为幼儿带来了一次充满乐趣和挑战的学习体验,更在多个方面促进了他们的全面发展。我们将继续探索更多这样富有创意和教育价值的活动,为幼儿的成长提供更加丰富多样的学习机会。

·小班生活活动·

小手巧串的快乐签到之旅

一、活动背景

在一次小班的日常交流中,教师发现幼儿对漂亮的珠子饰品很感兴趣。教师:"小朋友们,你们看老师今天戴的手链漂亮吗?上面有好多亮晶晶的珠子哦。"幼儿们纷纷围过来,眼睛发亮。

麦麦:"老师,珠子好漂亮啊!我也想要。"

小满:"我家里也有珠子呢。"

根据幼儿的兴趣特点以及小班幼儿手部精细动作发展的需要,结合《3~6岁儿童学习与发展指南》中指出的要创造条件和机会,促进幼儿手的动作灵活协调等理论,我们设计了本次签到串珠子的编织生活活动。幼儿参与串珠子活动,不仅可以满足他们对美的追求和探索欲望,还能锻炼他们小手的肌肉力量和灵活性,提高手眼协调能力,培养耐心和专注力等良好的学习品质。同时,将串珠子与签到相结合,增加活动的趣味性和仪式感,让幼儿每天都能积极参与活动,开启美好的一天。

图 5-37　观察手串

二、活动内容与过程实录

(一)认识珠子和材料

活动开始,教师将各种各样的珠子和串珠材料展示在幼儿面前。

教师:"小朋友们,今天我们要来玩串珠子的游戏啦,看看这些珠子都有什么不一样呀?"

爱爱:"有红色的珠子,还有蓝色的珠子。"

牛仔:"这个珠子大大的,那个珠子小小的。"

波妞:"有小动物,还有水果的珠子。"

教师反思:幼儿对珠子的颜色、大小、形状等有了初步的观察和认知,这是他们对事物特征感知的重要表现。在这个阶段,要鼓励幼儿大胆表达自己的发现,培养他们的观察力和语言表达能力。接下来可以引导幼儿进一步观察珠子的形状、材质等其他特征,丰富他们的认知经验。

图 5-38　认识材料

(二)学习串珠方法

教师拿起一根绳子和一颗珠子,示范串珠的方法。

教师:"小朋友们,看老师这样把绳子的一头穿过珠子的小洞洞,珠子就串上去啦,你们也试试哦。"

白白:"老师,我穿不进去。"

教师:"别着急,宝贝,你看看珠子的洞洞是不是很小呀,我们要把绳子对准洞洞,轻轻地穿过去。你再试试呢。"

经过几次尝试,幼儿终于成功串上了一颗珠子,开心地笑了。

教师反思:小班幼儿的手部动作还不够灵活,在初次尝试新技能时可能会遇到困难,这时教师要给予耐心的指导和鼓励,让他们有信心继续尝试。可以通过分解动作、个别指导等方式,帮助幼儿掌握串珠的方法。同时,要及时肯定幼儿的努力和进步,增强他们的自信心和成就感。

图 5-39　尝试串珠

(三)自由串珠创作

幼儿掌握了基本的串珠方法后,开始自由创作。

小恩:"我要串一条长长的项链送给妈妈。"

元宝:"我要串一个漂亮的手链戴在手上。"

在幼儿串珠的过程中,有的幼儿串得很快,有的幼儿则比较慢,但都很认真。

教师反思:幼儿在自由创作中展现出了丰富的想象力和创造力,他们根据自己的想法进行串珠设计。对于串珠速度不同的幼儿,要尊重他们的个体差异,不进行比较和催促。可以在活动中引导串得快的幼儿尝试更复杂的图案或帮助其他小朋友,培养他们的合作意识和分享精神。对于串得慢的幼儿,要给予更多的关注和鼓励,让他们按照自己的节奏完成作品。

图 5-40　自由创作

(四)签到环节与作品展示

串完珠子后,幼儿将自己的作品挂在签到板上,并在自己的名字旁边贴上一个小贴纸,表示今天已经完成签到。

教师:"小朋友们,你们看我们的签到板变得好漂亮啊,这都是你们的功劳哦。明天我们再来串更漂亮的吧?"

爱爱:"老师,我明天要串一个不一样的。"

教师反思:将串珠子与签到相结合,增加了活动的趣味性和仪式感,让幼儿对每天的签到充满期待。同时,作品展示也让幼儿有了成就感和自信心,激发了他们参与活动的积极性。在今后的活动中,可以进一步丰富签到的形式和内容,如让幼儿用自己串的珠子装饰签到板的边框等,让活动更加富有创意和吸引力。

图 5-41　串手串签到

三、总结与反思

（一）活动的特点及价值

1 符合幼儿兴趣和发展需求

本次活动基于幼儿对珠子的兴趣开展，符合小班幼儿好奇、好动、喜欢探索的年龄特点。串珠子活动有效地锻炼了幼儿手部精细动作的发展，与《指南》中强调的培养幼儿手的动作灵活协调目标相契合。在活动过程中，孩子们积极参与，充分发挥了他们的主动性和创造性。

2 培养多种能力和品质

幼儿在观察珠子的特征、学习串珠方法以及自由创作的过程中，观察力、语言表达能力、想象力和创造力都得到了锻炼。同时，他们在面对串珠困难时，不断尝试和坚持，培养了耐心和专注力等良好的学习品质。活动中的签到环节，增强了孩子们的自我意识和责任感，让他们养成了每天按时参与活动的好习惯。

❸ 活动形式新颖有趣

将串珠子与签到相结合,为日常生活环节注入了新的活力,使幼儿对签到不再感到枯燥乏味,而是充满了期待和热情。这种新颖的活动形式不仅增加了活动的趣味性,还提高了幼儿的参与度,让他们在轻松愉快的氛围中学习和成长。

(二)教师反思

❶ 个别指导不够充分

在活动中,虽然教师尽量关注到每个孩子,但由于小班幼儿人数较多,在个别幼儿遇到困难时,可能无法及时给予足够的指导和帮助。例如:在学习串珠方法时,有些幼儿需要更多的时间和练习才能掌握,而教师不可能一直陪伴在他们身边进行指导,导致部分幼儿在初期因为完成起来有困难,情绪有些沮丧。

❷ 材料准备不够丰富多样

在材料的选择上,虽然提供了不同颜色和大小的珠子,但种类相对还是较少,可能无法满足所有孩子的创作需求。有些孩子在活动中提出想要一些特殊形状或材质的珠子,如星星形状的珠子、木制珠子等,这说明我们在材料准备上还可以进一步优化,提供更丰富多样的材料,激发孩子们更多的创意和想象。

❸ 活动时间把控不够精准

在自由串珠创作环节,幼儿的热情很高,投入度也很大,但由于没有准确预估时间,导致活动时间有些过长,影响了后续其他活动的安排。在今后的活动中,需要更加合理地安排时间,根据幼儿的实际情况灵活调整活动进度,确保各项活动能够顺利进行。

针对以上不足,在今后的活动中,我们可以采取以下改进措施:合理安排时间及环节,以便更好地对个别幼儿进行指导;定期收集幼儿的意见和建议,根据他们的需求丰富串珠材料;在活动前制订详细的时间计划,并在活动过程中密切关注时间,及时提醒幼儿加快进度或结束活动。通过不断地反思和改进,我们相信今后的编织生活活动会开展得更加顺利、有趣,更能促进幼儿的全面发展。

·中班生活活动·
小小发型师

一、活动背景

编辫子,作为一项古老而传统的技艺,不仅蕴含着丰富的文化底蕴,更是一项能够锻炼幼儿手部精细动作和空间想象力的实践活动。编辫子不仅可以满足他们对美的追求,还能在动手的过程中体验到创造的乐趣和成就感,对于幼儿的成长具有重要意义。

午休起床,我像往常一样给幼儿扎辫子,突然我发现欣欣正在自己给自己扎头发,虽然有些凌乱但是也能用皮筋绑起来,这一行为引起了其他幼儿的注意,她们有的夸奖欣欣很能干,有的给欣欣提建议怎么才能更整齐一些,还有的自己也跃跃欲试想要自己扎头发。我没有打扰幼儿的自主学习,没过几周,几乎所有的女孩都能把头发自己扎起来,有的小女生还想给别人扎头发,皮筋一多,孩子们就有了更多可发挥的空间,发型也逐渐开始多样化。"我妈妈会扎三股辫""我妈妈会扎蜈蚣辫"……各种各样的编法让我们班热闹起来。为了进一步激发幼儿的创造力和动手能力,同时融入传统文化元素,我们特别策划了"小小发型师"这一主题活动。希望通过本次活动,为幼儿提供一个展示自我、发挥创意的平台,让他们在轻松愉快的氛围中学习新知识、掌握新技能,同时感受到传统文化的魅力。

二、活动内容与过程实录

1 探究扎辫子

在正式开始学习扎辫子之前,我给幼儿提出了一个问题:"我们要准备什么样的工具?如何扎头发呢?"

"用梳子。"

"有皮筋,这样就可以编好看的辫子了。"

"还可以准备小发卡卡在头发上。"

"有的时候妈妈会给我用发箍。"

"扎辫子前要先把头发梳顺了"

"扎完之后可以装饰一些漂亮的发卡。"

随后,我便让幼儿自己试了试。

图 5-42 扎辫子需要的工具

经过操作后,幼儿发现扎辫子并不是想象中的那么简单,有的时候头发太长了,会有扎不起来的头发;头发太多了,皮筋缠两圈会很松,缠三圈又太紧了;还有的小朋友想扎两条辫子,可是怎么都扎不到合适的位置上去。

活动至此,有几位幼儿已经产生了畏难情绪,想要放弃学习扎辫子。

于是我从网络上找出了一些扎辫子的视频与小儿歌,带领孩子们跟着视频一步一步慢慢来。

这时硕硕(男孩)突然说:"你们可以先帮别人扎熟练了,再自己扎!"其他小朋友听了纷纷附和。

"对呀对呀,我们先互相帮别人扎吧。"

"果果我来帮你扎!"

"轩轩,你一会给我扎好吗?"

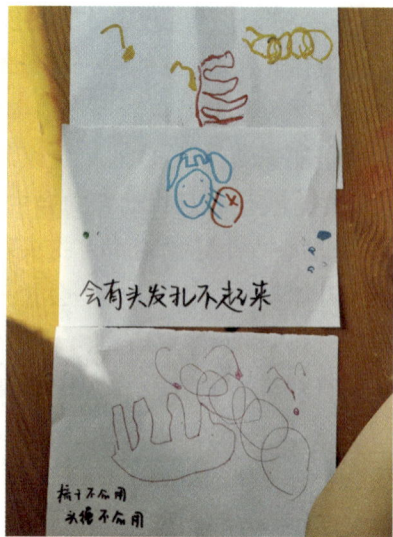

图 5-43　遇到的困难

随后在日常生活中,我鼓励小女生们互相扎辫子,还在活动区投放了一些长头发的玩偶供幼儿练习,我说扎失败了不要紧,只要敢于尝试就是进步。时间长了,小女孩们给别人扎头发也越来越得心应手了,这个时候旁边的小男孩也坐不住了,他们跃跃欲试地说道:"老师,我也想学。"

支持推进:幼儿在尝试过程中遇到了使用工具不熟练、手法不对等问题,但他们的积极性和探索欲很强。而男孩的参与,打破了性别界限,促进了同伴间的互动。教师通过示范和个别指导,帮助幼儿掌握扎辫子的基本技巧。同时,鼓励幼儿相互帮助,增强团队合作意识。

② 探索三股辫

在幼儿熟练掌握普通扎辫子的方法后,他们对更复杂的发型产生了浓厚的兴趣。于是,我们决定一起探索三股辫的编法。

我先向幼儿展示了一些三股辫的图片,幼儿纷纷发出惊叹:"好漂亮啊!""这个辫子好复杂。"我接着问孩子们:"你们想不想学习编三股辫呢?"幼儿异口同声地回答:"想!"

三股辫到底怎么编呢?我先请幼儿观察我的示范。我一边编一边讲解步骤:"首先,把头发分成三股。然后,把左边的一股放在中间那股的上面,接着把右边的一股放在中间那股的上面,就这样依次重复。"幼儿聚精会神地看着,眼中充满了好奇。

看完示范后,幼儿迫不及待地想尝试。可是,实际操作起来并不容易。有的幼儿分不清左右,把辫子编得歪歪扭扭;有的幼儿在换手的时候把头发弄乱了;还有的幼儿编着编着就忘记了步骤。

面对这些困难,幼儿们并没有放弃。他们互相讨论,互相帮助。"你看,应该这样分头发。""我来帮你把这股头发拿好。"我也在旁边适时地给予指导和鼓励。

经过多次尝试，幼儿逐渐掌握了三股辫的编法。他们兴奋地向小伙伴们展示自己的作品，脸上洋溢着自豪的笑容。

支持推进：幼儿在探索三股辫编法的过程中，展现出了坚持不懈的精神和强烈的求知欲。他们通过自己的努力克服了困难，提高了动手能力和解决问题的能力。教师可以继续引导幼儿尝试不同的发型编法，激发他们的创造力和想象力。同时，可以组织一场发型秀，让幼儿展示自己的作品，增强他们的自信心和成就感。

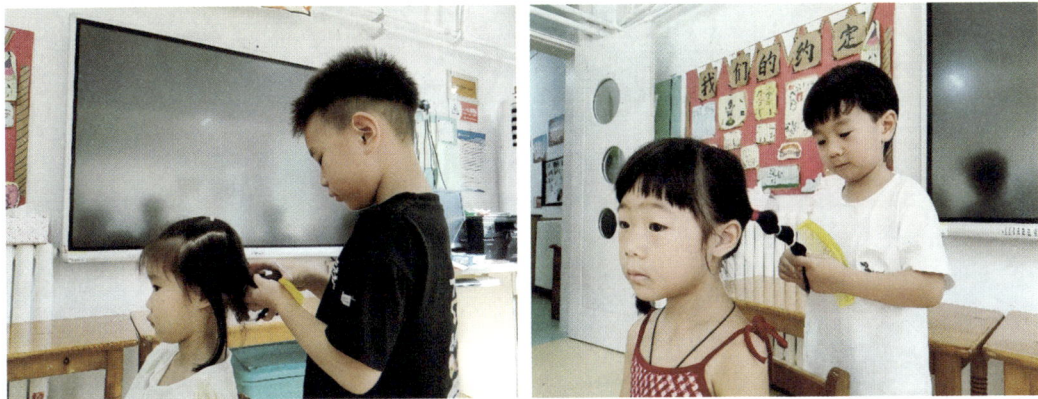

图 5-44　探索三股辫编法

3　设计发型

经过对扎辫子和编三股辫的学习，幼儿的动手能力和创造力都得到了极大的提升。现在，他们已经不满足于单纯地模仿，而是想要设计出属于自己的独特发型。

我向幼儿提出了一个问题："如果让你们自己设计一个发型，你们会怎么做呢？"幼儿陷入了沉思，然后开始热烈地讨论起来。

"我要在头发上扎很多彩色的皮筋，像彩虹一样。"

"我要编一个超级长的三股辫，然后盘起来，像个公主。"

"我可以用发卡和丝带装饰头发，做出花朵的形状。"

幼儿的想法丰富多彩，充满了创意。于是，我为他们准备了各种各样的工具和材料，如彩色皮筋、发卡、丝带、假发等，让他们可以尽情地发挥自己的想象力。

幼儿开始认真地设计自己的发型。他们有的小心翼翼地用梳子梳理头发，有的专注地挑选着发卡和丝带，有的则在和小伙伴商量着如何让发型更加独特。

在设计过程中，幼儿也遇到了一些问题。比如，发卡总是夹不住头发，丝带容易松开等。但是，他们并没有气馁，而是不断地尝试和改进。

经过一番努力，幼儿终于完成了自己的发型设计。他们兴奋地向大家展示自己的作品，脸上满是骄傲和自豪。

支持推进：幼儿在设计发型的过程中，充分发挥了自己的创造力和想象力，同时提高了他们的动手能力和解决问题的能力。教师可以组织一场发型展示会,让幼儿互相欣赏和评价彼此的作品,增强他们的自信心和成就感。此外,还可以将孩子们的发型设计作品拍照留念,制作成相册,让幼儿留下美好的回忆。

图 5-45　幼儿自己设计发型

三、活动的特点及价值

(一)活动价值

1 增进性别理解与尊重

活动鼓励男孩和女孩共同参与,打破了传统性别角色的界限。男孩在尝试扎辫子的过程中,能够理解和体验女孩的日常活动,从而增进对性别差异的理解和尊重。同时,女孩也可以从男孩那里学习到不同的思维方式和解决问题的方法。

2 促进社交技能的发展

在活动中,幼儿需要相互帮助、交流和分享经验。这有助于培养他们的合作精神、沟通能力和同理心。通过团队合作,孩子们学会了如何倾听他人、表达自己的想法和尊重他人的意见。

3. 激发创造力和想象力

发型设计本身就是一种艺术创作过程。幼儿在尝试不同的发型和装饰时,需要发挥想象力和创造力来构思和实现自己的想法。这种创造性的思考方式对于他们的未来发展具有重要意义。

(二)教师反思

1. 活动设计的合理性与有效性

本次活动设计充分考虑了幼儿的年龄特点和兴趣需求,以编辫子这一日常活动为切入点,激发了幼儿的参与热情和创造力。活动过程中,幼儿表现出了极高的积极性和专注度,证明了活动设计的合理性和有效性。

2. 幼儿发展的全面关注

在活动实施过程中,我意识到不仅要关注幼儿在扎辫子技能上的提升,更要关注他们在情感、社交、审美等多方面的发展。通过观察和引导,我发现幼儿在互动中学会了合作、分享和尊重,这些非技能性的成长同样重要且值得肯定。

3. 个别差异的关注与支持

在活动中,我注意到幼儿在技能掌握和创造力表现上存在差异。有的幼儿很快就掌握了扎辫子的技巧,而有的幼儿则需要更多的指导和练习。我反思到,作为教师应更加关注每个幼儿的个别差异,提供个性化的指导和支持,确保每个幼儿都能在原有基础上得到发展。

总之,"小小发型师"活动给我带来了很多启示和思考。在未来的教育实践中,我将继续秉承以幼儿为中心的教育理念,关注幼儿的全面发展,注重性别教育的渗透和个别差异的支持,加强与家长的沟通和合作,为幼儿的成长创造更加美好的明天。

·大班生活活动·
鞋带魔术师

一、活动背景

一天,正正穿了一双有鞋带的鞋来到了幼儿园。玩耍时,他的鞋带不小心松开了,正想找我帮忙时,敏敏说:"没关系,我来帮你系!"我在旁边静静地观察,发现虽然敏敏很认真,可是他并不会系鞋带。敏敏和正正的举动吸引来了越来越多的小朋友,开心一个不经意的发现引发了大家的热烈讨论——"老师,你看,他的鞋带好像也在编织呢!"这个简单却富有洞察力的想法,如同一颗石子投入平静的湖面,激起了层层涟漪。孩子们连连附和,同时他们也开始意识到,原来鞋带这种日常用品,竟然也蕴含着编织的智慧与美感。

以《3～6岁儿童学习与发展指南》中提出的"激发幼儿好奇心与探究欲,发展幼儿初步的探究能力"以及"引导幼儿关注周围生活中的事物和现象,喜欢进行观察和操作"为指导思想,我们决定开展一场以"鞋带魔术师"为主题的生活活动。引导幼儿通过观察、探索和实践,不仅学会系鞋带这一生活技能,更重要的是理解编织这一传统工艺在日常生活中的应用与传承。同时,通过亲手操作,幼儿将进一步提升手部精细动作的发展,培养解决问题的能力,以及自我服务意识和独立生活的能力。

二、活动内容与过程实录

1 鞋带大调查

当幼儿发现鞋带的秘密的时候,我便组织了一次讨论活动,让幼儿畅所欲言。

教师:"提到鞋带,你会联想到什么呢?"

远远:"鞋带是穿在鞋子上的,妈妈的鞋上有。"

汤圆:"爸爸的鞋带有黑色的。"

果果:"我见过扁扁的鞋带,也见过圆圆的鞋带。"

轩轩:"可是为什么小朋友的鞋子上没有鞋带呢?"

笑笑:"鞋带应该怎么系呀?"

收集了幼儿很多的问题之后,我制作了一个调查表,请幼儿回家观察一下自己身边有什么样的鞋带,并且用绘画的方式表现出来。第二天来到幼儿园里,我们一起分享自己的发现。

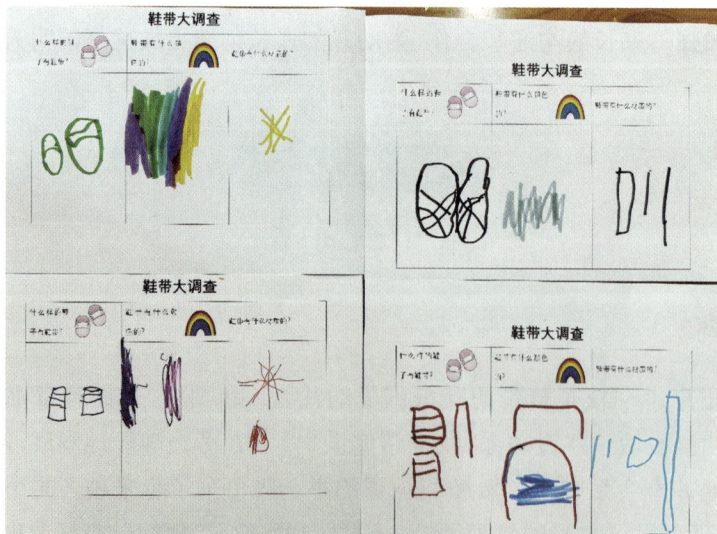

图 5-46　幼儿的调查表

经过讨论和分享,小朋友们发现,因为自己还不会系鞋带,所以爸爸妈妈不会给自己穿有鞋带的鞋,正是因为这一结论让小朋友们产生了想要挑战自己的兴趣,纷纷说道:"老师,你可以教我们怎么系鞋带吗?"

教师思考:教师从生活中的一次偶然事件入手,发现了孩子们对鞋带的好奇心和探索欲。通过一次谈话活动,教师可以初步了解幼儿的兴趣点在哪。接下来用一份简单的调查表,让孩子们记录自己观察到的鞋带颜色和样式,进一步培养他们的观察力和记录能力。

❷ 有用的结

我把学习的主动权交给了幼儿,想一想系鞋带的结都是什么样子的?谁有不同的系法?

第二天,伊森、小雨和轩轩给我们带来了三种不同的系法。

伊森说:"我昨天回家学习了单结的系法,这种系法又简单又快。"

小雨说:"妈妈和我说系鞋带都要用蝴蝶结,妈妈教给了我蝴蝶结的系法,你们看漂亮吗?蝴蝶结系出来就像一只小蝴蝶一样,可好看了!"

轩轩说:"我昨天回家,爸爸教了我一种特殊的结,爸爸说这种结叫死结,系上了就打不开了,我觉得非常适合用来系鞋带,这样我们的鞋子就不会掉了。"

听了三种方法的介绍,我问:"你们觉得哪种打结的方式最好呢?"

幼儿都有不同的看法,于是我拿出了一张投票单,幼儿在自己喜欢的结下面进行投票。

图 5-47　幼儿投票

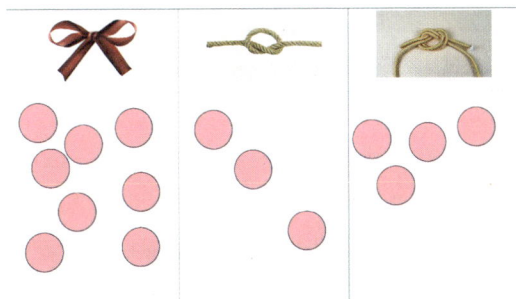

图 5-48　幼儿投票结果

很快结果出来了,大部分的幼儿都选择了蝴蝶结,于是我请小雨当小老师上来教给幼儿怎么样打出漂亮好看的蝴蝶结。

图 5-49　幼儿练习打结

支持推进：系鞋带是一项需要反复练习的技能。为了巩固幼儿的学习成果，教师在接下来的几天里设置"每日一练"环节，鼓励幼儿每天都练习系鞋带，直到熟练掌握为止。

3 鞋带的魔法

关于"结"的讨论到此就结束了，可是我们的课程仍在进行中……

这天，在"每日一练"的时候，不知道是谁把鞋带从练习板里全部抽了出来。果果对我说："老师，为什么我的鞋带这么长？"

教师："哎呀，不知道是谁把鞋带都抽出来了。你能照着这个练习板把他串回去吗？"

果果："没问题！"过了一会，果果拿着操作板来找我了，只见他把鞋带分开穿在了一边。"老师你看我穿得对吗？"

对于"鞋带应该怎么穿"这个问题，幼儿之间产生了不同的想法。

晓洋："我觉得鞋带应该两边穿。像一个错号一样。"

睿睿："我还见过横着穿的鞋带呢。"

敏敏："为什么不能穿在一边呢？"

教师："不如我们三种穿法都试一试吧。"

第二天，有不少幼儿穿了有鞋带的鞋子。我便组织幼儿两两一组，一起穿鞋带。

一开始幼儿的鞋带都是两边穿的，这种穿法虽然不是最简单的，但是有一定的规律，而且鞋子穿起来很稳固，一点都不会掉。

随后我又让幼儿尝试了单边鞋带的穿法，引导他们发现，虽然这样穿鞋带非常简单，但是鞋子穿上之后非常容易掉下来，走路很不方便。

最后，我找出了横着穿的鞋带的图片教程，幼儿根据图片一步一步来，却发现这样的穿法没有规律，比较难以掌握，很多小朋友穿到一半就想要放弃了。

活动结束后，敏敏说："还是交叉穿鞋带最好，不是特别难而且还很牢固！"其他幼儿纷纷附和。

经过此次活动,幼儿对鞋带有了更深层次的认识,也开始想要设计属于自己的鞋带。于是我便鼓励幼儿从家里拿来喜欢的线绳进行装饰。同时又在美工区投放相应的材料供幼儿设计。

图 5-50 幼儿自己设计鞋带

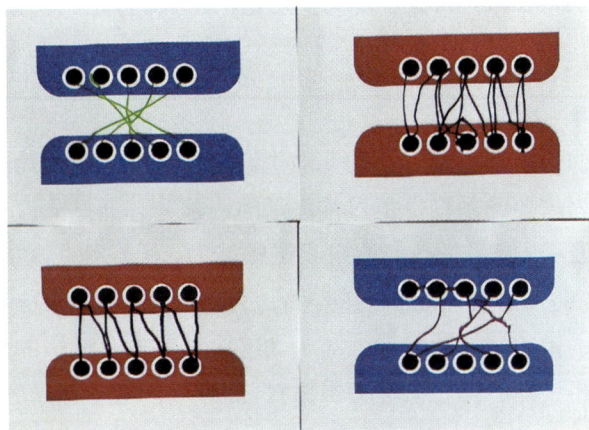

图 5-51 幼儿的作品

支持推进:幼儿在创造过程中展现出了极大的热情和创造力。为了支持他们的创意发展,我准备了更多的辅助材料(如小珠子、贴纸等),让幼儿在鞋带上进行装饰,使作品更加丰富多彩。

4 趣味大比拼

开始比赛前,我提前给幼儿明确了比赛的规则:独立系鞋带,鞋带呈蝴蝶状,蝴蝶结牢固美观。

"预备——开始!"随着教师的口令,幼儿们一个个行动起来。他们的神情专注,手指灵巧。随着两分钟倒计时结束,幼儿也完成了自己的蝴蝶结作品。看着幼儿一点点地进步,我也为他们感到高兴与自豪。

图 5-52　幼儿进行比赛

支持推进：比赛的形式不仅激发了幼儿的学习兴趣和竞争意识，还让他们在实践中体验到了成功的喜悦和失败的挫折。为了进一步提升幼儿的技能水平，教师可以根据比赛情况制订个性化的辅导计划，针对幼儿的不足之处进行有针对性的指导和训练。

三、活动的特点及价值

活动价值：在"鞋带魔术师"这一生活技能主题活动中，教师不仅教授了幼儿一项实用的生活技能，更在无形中赋予了传统技艺新的生命力，也为幼儿提供了一次特殊的文化体验，促进了幼儿全面发展。

❶ 生活自理能力的培养

此活动最直接的价值在于培养了幼儿的生活自理能力。随着幼儿的成长，掌握基本的生活技能显得尤为重要。系鞋带是日常生活的一部分。通过此次活动，孩子们学会了如何独立完成这一任务，增强了他们的自我照顾能力，为未来的独立生活打下了坚实的基础。活动过程中，幼儿需要运用手指的灵活性和协调性来操作鞋带，这极大地锻炼了他们的动手能力。手指的精细动作训练对于大脑的发育也有积极的促进作用，有助于提升幼儿的智力水平和认知能力。系鞋带虽然看似简单，但对于初学者来说却需要耐心和专注。幼儿在反复练习的过程中，逐渐学会了耐心等待和专注操作，这种品质对于他们未来的学习和生活都将产生积极的影响。

❷ 解决问题的能力

在系鞋带的过程中，幼儿可能会遇到各种问题和挑战，如不会给鞋带打结、穿不过鞋眼等。面对这些问题，他们需要动脑筋、想办法去解决，从而培养了他们的解决问题能力和创新思维。在两两组合穿鞋带的过程中，幼儿相互帮助、共同完成任务，锻炼了他们的团队合作能力和社交技能。他们学会了如何与他人沟通、协作和分享，这对于他们未来的社会适应能力和人际关系建立都至关重要。

❸ 增强文化认同感

从有文化底蕴的"编织"入手，扩展到幼儿生活中常见的物品鞋带，幼儿能够近距离感受到传统文化的魅力，增强对民族文化的认同感和自豪感，从而更加珍惜和尊重自己的文化根源。

教师反思如下。

❶ 活动设计与实践的契合度

本次活动旨在通过实际操作,让幼儿掌握系鞋带的方法,提升生活自理能力。从实践效果来看,活动设计基本达到了预期目标,但仍有部分幼儿在初次尝试时显得较为困难。这提示我在未来的活动设计中,需要更加注重个体差异,为不同能力水平的孩子提供更为个性化的指导和支持。

❷ 传统文化的融入与展现

虽然本次活动主要聚焦于系鞋带这一现代生活技能,但我也尝试将其与传统文化相结合,通过讲述鞋带的历史渊源和文化内涵,激发幼儿对传统文化的兴趣。然而在实际操作中,这部分内容的呈现方式可能还不够生动和具体。因此,我计划在未来的活动中,通过实物展示、视频资料等方式,更加直观地展现传统文化的魅力,加深幼儿的理解和记忆。

❸ 家校合作的深化与拓展

本次活动虽然得到了家长们的支持和配合,但在家校合作方面仍有进一步深化的空间。我计划在未来的活动中,加强与家长的沟通和联系,邀请他们参与活动,共同见证幼儿的成长和进步。同时,也可以通过家庭作业等形式,将活动延伸到家庭中,让幼儿在家长的陪伴下继续巩固和练习所学技能。

·小班园家社活动·
亲子编织,共筑自然之趣

一、活动来源

周末,我们带着孩子去公园亲近大自然,微风轻拂,绿草如茵。硕硕兴奋地在草地上奔跑着,笑声回荡在空气中。突然,硕硕停下了脚步,蹲在地上,眼睛紧紧地盯着一丛毛茸茸的小草。"妈妈,这是蒲公英吗?"我走近一看,原来是狗尾草。这些狗尾草在微风中轻轻摇曳,仿佛在向我们招手。硕硕好奇地摆弄着狗尾草,摘了一些放进袋子里,脸上充满了好奇和喜悦。

我们继续在草地上漫步,不一会儿,又发现了一些细长的柳条。硕硕摘了满满一袋子。我问:"你摘了这么多狗尾巴草和柳条有什么用呢?"硕硕思考后说:"我们拿它做手工吧!"著名教育家陈鹤琴先生曾说:"大自然、大社会都是活教材。"的确,大自然蕴含着丰富的教育资源,能够激发孩子们的好奇心和探索欲。看着眼前的狗尾草和柳条,看着硕硕充满期待的眼神,我知道教育契机就在眼前,于是和硕硕一起和材料互动起来。

图 5-53　幼儿与妈妈寻找柳条

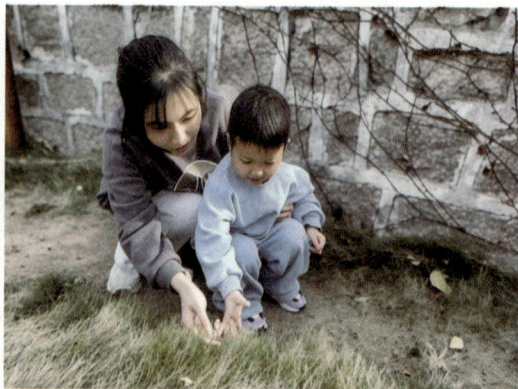

图 5-54　幼儿与妈妈寻找狗尾巴草

二、活动过程

1 初尝编织,狗尾草戒指

我们在公园发现狗尾草和柳条后,硕硕的好奇心瞬间被点燃。通过一起找资料和观察照片,我们确定了制作狗尾草戒指的目标。用一根狗尾草转一圈,在毛毛的末端将两头打个死结,看似制作方法很简单的戒指在孩子的手里显得格外的难,首先是因为硕硕不太会打结,针对这个问题,我教给了他打结的方法,并用我的鞋带给他练习。几次之后,硕硕学会了,却遇到了第二个问题,狗尾巴草的茎又细又硬,硕硕怎么也系不紧,

图 5-55　尝试鞋带打结

还会揪下一堆毛,一来二去,他有些不耐烦了,我一边鼓励着他一边和他合作,经过几次尝试,终于成功地制作出了一个狗尾草戒指。硕硕迫不及待地把戒指戴在手上,脸上洋溢着自豪的笑容:"妈妈,看,我也有自己的戒指了。"这一刻,我感受到了硕硕的喜悦和满足。

2 挑战花环,探索编织之路

有了狗尾草戒指的成功经验,硕硕的信心大增,他看见有位小姐姐头上戴着一个漂亮的柳条花环,看着手里的材料,他跃跃欲试,提议也做一个柳条花环。我们再次查找资料,了解柳条花环的制作方法。

我们先找到了一些比较长的柳条,然后尝试把柳条弯曲成一个圆圈然后打结。本以为有了之前草戒指的经验柳条花环会做得很顺利,没想到柳条很容易折断,我们试了好几次都没有成功。硕硕有些沮丧,"妈妈,这个太难了,我们做不了。"我鼓励他说:"别灰心,我们再想想办法。也许我们可以找一些更结实的柳条。"我们在袋子里挑选,看到心仪的就拿出来,最后挑了一根粗粗的,长长的柳条。这次,我们小心翼翼地把柳条弯曲成一个圆圈,发现长度太长了,刚想剪掉,我突然想到,是不是对折一下会更牢固呢?和硕硕交流了想法之后,我发现他的想法比我还要好,他觉得要缠一缠,就像早操时候他们缠的彩虹伞一样,他说:"老师说了,这样才不会散开。"我不由得感叹,孩子在幼儿园学到的真多,我们赶紧来试试,我拿着柳条,硕硕围着柳条转圈圈,这次终于成功了。硕硕高兴地跳了起来:"妈妈,我们成功了!"

接下来,我们要把柳条固定在一起,让花环更加牢固。我们尝试了用胶水、细铁丝等方法,但是效果都不理想。硕硕皱着眉头说:"妈妈,这些办法都不行,我们怎么办呀?"我想了想,说:"也许我们可以用一些干草把柳条绑在一起。"我们找来了一些干草,把柳条一根一根地绑在一起。经过一番努力,我们终于制作出了一个牢固的柳条花环。硕硕看着自己亲手制作的花环,脸上露出了满意的笑容。

图 5-56 幼儿与班级伙伴分享柳条花环

3 装饰花环,发现自然之美

花环做好后,硕硕觉得还不够漂亮,他想给花环加上 些装饰。我们四处张望,发现路边有许多小花。硕硕兴奋地说:"妈妈,我们可以用这些小花来装饰花环。"但是,问题来了,如何把小花固定在花环上呢?

我们第一次尝试用胶水,但是胶水干了后小花很容易掉下来。硕硕失望地说:"妈妈,这个办法不行。"我安慰他说:"没关系,我们再想想别的办法。"我们又进行了第二次尝试,用细铁丝把小花穿起来,再固定在花环上。但是细铁丝很容易划伤硕硕的手,而且也不太美观。硕硕摇了摇头,"妈妈,这个也不好。"我们陷入了沉思,到底用什么方法才能把小花固定在花环上呢?

突然，硕硕灵机一动，"妈妈，我们可以用一些草绳把小花绑在花环上。"我眼前一亮，"这个主意不错！"我们找来了一些草绳，把小花一朵一朵地绑在花环上。这次终于成功了，花环变得更加美丽。硕硕看着自己亲手装饰的花环，开心地笑着："妈妈，这个花环好漂亮呀！我要把它送给奶奶。"在这个过程中，我和硕硕一起讨论、尝试，让硕硕感受到了合作的力量和解决问题的成就感。

图 5-57　幼儿与伙伴装饰柳条花环

4 分享成果，传递爱与温暖

硕硕戴着自己亲手制作的花环，开心地来到了幼儿园。小朋友们看到花环后，都围了过来，纷纷赞叹道："好漂亮的花环呀！"教师也发现了这个美丽的花环，请硕硕给大家讲讲制作花环的过程。

硕硕站在小朋友们中间，自信地讲述着自己和妈妈一起制作花环的经历。他从发现狗尾草和柳条开始，讲到制作狗尾草戒指，再到制作柳条花环和装饰花环的过程。小朋友们听得津津有味，

图 5-58　幼儿与保育教师分享花环

不时地提出一些问题。硕硕都一一回答，脸上充满了自豪。

讲完后，教师引导孩子们思考："这个花环可以送给谁呢？"孩子们纷纷发言，有的说送给妈妈，有的说送给爷爷奶奶，还有的说送给老师。教师微笑着说："大家说得都很好，这个花环是你们用心制作的礼物，可以送给你们最爱的人，表达你们的爱和感激之情。"孩子们都点了点头，脸上露出了幸福的笑容。

通过分享成果，硕硕不仅收获了自信和快乐，还学会了分享和关爱他人。他明白了自己的努力和创意可以给别人带来快乐和温暖，也学会了用自己的方式表达爱和感激

之情。

三、活动的价值和意义

❶ 增进亲子关系

这次亲子编织活动为我和硕硕提供了一个共同参与、共同创作的机会。我更加了解硕硕的兴趣爱好和想法,能够更好地引导他成长。硕硕也感受到了我的关爱和支持,增强了对我的信任感。在活动中,我们一起探索自然、学习技能、发挥创意,共同度过了一段美好的时光。我们的关系变得更加亲密,彼此之间的信任和理解也得到了进一步的加强。

❷ 培养综合素质

小小的制作活动,也培养了硕硕很多的能力,在寻找狗尾草和柳条的过程中,硕硕学会了仔细观察周围的环境,发现自然中的美好。在编织过程中,他发挥了自己的想象力,用不同的材料和方法创造出了各种有趣的作品。这些都有助于培养他的观察力和想象力,让他学会从不同的角度看待问题。

亲子编织活动需要硕硕动手操作,将狗尾草和柳条编织成各种物品。这个过程不仅锻炼了他的动手能力,还培养了他的创造力。硕硕在编织过程中可以自由发挥,尝试不同的方法和技巧,创造出属于自己的作品。

编织是一个需要耐心和细心的过程。硕硕在学习编织方法和完成作品的过程中,需要不断地调整自己的动作,注意细节,才能编织出漂亮的作品。通过这个活动,硕硕学会了耐心和细心,这对他今后的学习和生活都将有很大的帮助。

在分享和交流环节中,硕硕学会了与他人分享自己的作品和快乐,也学会了倾听和尊重他人的意见和建议。这有助于培养他的社交能力和团队合作精神,让他学会与他人合作,共同进步。

❸ 增强环保意识

亲子编织活动使用的材料都是自然材料,如狗尾草和柳条。这些材料来自大自然,无污染、不浪费。通过这个活动,硕硕学会了珍惜自然资源,增强了环保意识。他明白了我们可以用自然材料创造出美丽的作品,同时也可以保护大自然,让它更加美丽。

亲子编织活动是一次非常有意义的活动,它让我和硕硕在自然中找到了快乐和成长。在活动过程中,我也发现了一些需要改进的地方,如:在活动的过程中,可以更加注重引导硕硕的思考和探索;在活动的结束阶段,可以更加深入地与硕硕交流和分享等,我也会抓住其他的教育机会,逐步调整自己的教育策略,优化活动的过程。

感谢这次的编织活动让我和硕硕在自然中度过了一段美好的时光,也感谢老师的指导也让我们收获了很多。在今后的生活中,我们还会一起参与更多的亲子活动,共同创造更多美好的回忆。

·中班园家社活动·

携手共绘"编篮秀"

一、活动背景

"巧手编篮秀"主题活动中,幼儿聊天时经常会说道:"我们家就有好看的花篮,妈妈插了好多美丽的花呢。""我爷爷会编篮子,他还用编的篮子去买菜呢。"随着主题活动的开展,幼儿初步了解了编织篮子的历史由来和发展,知道篮子编织是我国一项传统民间手工艺。《幼儿园教育指导纲要(试行)》指出:"幼儿园应与社区密切合作,综合利用各种教育资源,共同为幼儿的发展创造良好的条件。充分利用社会资源,引导幼儿实际感受祖国文化的丰富与优秀。"

家园社携手共绘"编篮秀",将进一步萌发幼儿深入探索、编织篮子的愿望与兴趣,感受篮子给生活带来的便利,体验篮子编织的乐趣,增强民族自豪感,愿意成为篮子编织传统民间手工艺的传承人。一方面,家长具有教育子女的天然动力和巨大热情,但相对缺乏科学知识和经验,幼儿园的介入可以帮助家长获得教育经验,提升教育质量。另一方面,幼儿园与社区的联系同样非常重要,社区中具有丰富的教育资源,如超市、农贸市场、手工艺人等,幼儿园将其教育活动推向社区,充分融合社区中篮子编织的人力、物力资源,也会为社区发展提供支持。家、园、社区协同育人从不同教育主体出发,形成教育合力,从而促进传统手工艺的保护和传承。

二、活动内容与过程实录

(一)走进篮子市场,搜集资料,拓展经验。

幼儿在篮子编织市场逛一逛,欣赏形态各异、琳琅满目的编织花篮,亲身感受传统民间手工艺的魅力。那里有幼儿见过的、没见过的各种各样编织花篮,让人大开眼界、目不暇接、称赞连连。他们对花篮编织的好奇和疑问就像火山爆发一样,现场就和伯伯、阿姨开启了十万个为什么:"这些花篮是谁编的呀?""人们最早从什么时候开始编花篮的呢?""为什么要编织花篮呀?""用它来干什么呢?"……带着这些发现和疑问,回家和爸爸妈妈一起查阅相关资料,来一场穿越时空的对话之旅,走进编织花篮的历史文化。

爸爸妈妈带领幼儿展开花篮朋友大调查,收集、记录、发现生活中其他形态各异、功能不同的篮子朋友,以及它们之间的明显关联。感知花篮朋友与自己生活的密切关系,体验它们给生活带来的影响和便利。然后再来幼儿园和老师、伙伴交流分享,增进幼儿对编织花篮文化的了解,感受到中国人的智慧,激发幼儿对传统花篮编织手工艺的兴趣和热爱。

图 5-59 花篮调查表

(二)一起编织篮筐，共享亲子好时光。

1 编一编

在幼儿园里，通过观察图片、视频、亲手操作等方式，教师引导幼儿初步探究了立体编织的基本方法，掌握"十字编"，按顺序编织出篮底、篮身、篮提手，引导幼儿探究加入纸盘、木根等，结合麻绳，学习缠绕编织的方法，让幼儿体验了利用辅助材料进行组合编织的乐趣。教师把这些活动日常发布到班级动态中，家长及时同步了解幼儿所掌握的内容。回到家里，幼儿立刻成了爸爸妈妈、爷爷奶奶、外公外婆的小老师，运用多种材料、多种方式和家人共同编织丰富多彩的篮子。经常有幼儿提着各式各样的篮子来到幼儿园，和大家分享："这是我和奶奶编的小菜篮，我们都一起去买菜了呢。""这是妈妈和我一起为小猫咪编的篮子家，小猫咪想到哪里，我们就把它提到哪里呢。""我这个竹篓，是外公外婆一起编的，都可以装爸爸钓上来的大鱼呢。"有了家长的助力，幼儿对于编织的热情日益高涨。

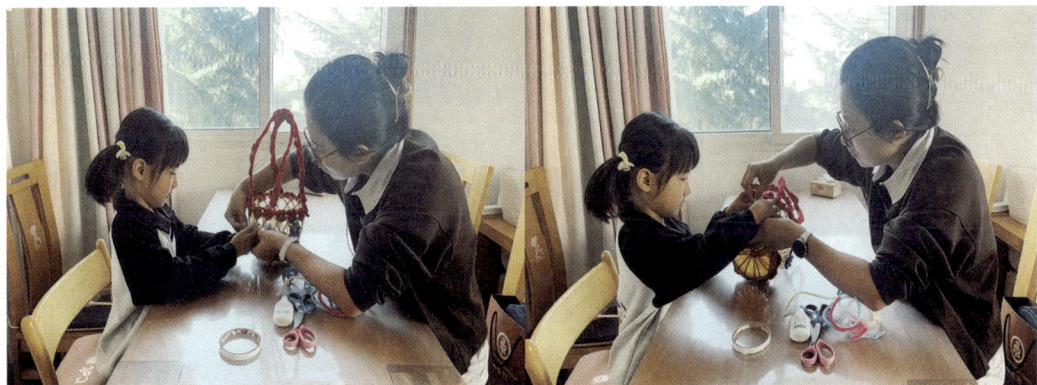

图 5-60 幼儿与妈妈一同编花篮

2 **玩一玩**

"编花篮"是我国经典民间传统的体育游戏,是爸爸妈妈们小时候常玩的游戏,深受孩子们的喜爱。《3~6岁儿童学习与发展指南》指出:"发育良好的身体、愉快的情绪、强健的体质、协调的动作、良好的生活习惯和基本生活能力是幼儿身心健康的重要标志,也是其他领域学习与发展的基础。"中班幼儿正处于身体动作发展的关键时期,他们活泼好动,喜欢尝试新鲜有趣的活动。"编花篮"游戏中家长和幼儿一边说着朗朗上口的童谣,一边合作将腿相互搭好,形成"花篮"状,进行单脚跳练习,发展动作平衡,锻炼腿部力量,提高跳跃能力,一起感受民间传统游戏的趣味,共同体验与家人游戏的快乐时光。

图 5-61　幼儿与家人玩"编花篮"游戏

3 **诵一诵**

童谣《编果篮》生动形象地描写了"我"和爸爸妈妈一起编果篮,提着果篮采果子,采了果子做果盘的有趣情景。整首童谣充满童趣,情趣盎然,意境优美,想象丰富,节奏感强、有韵律,朗诵起来朗朗上口,贴近幼儿的生活。幼儿在园学习朗诵了这首童谣,回到家里和家人一起编果篮,然后用自己编织的果篮进行亲子诵读。这样幼儿不仅能感受童谣的语言美和童趣,培养倾听习惯,发展语言理解能力,提高朗诵水平,还能增进与家人的美好亲情,进一步激发他们对探究篮子、进行篮子编织的兴趣和愿望。

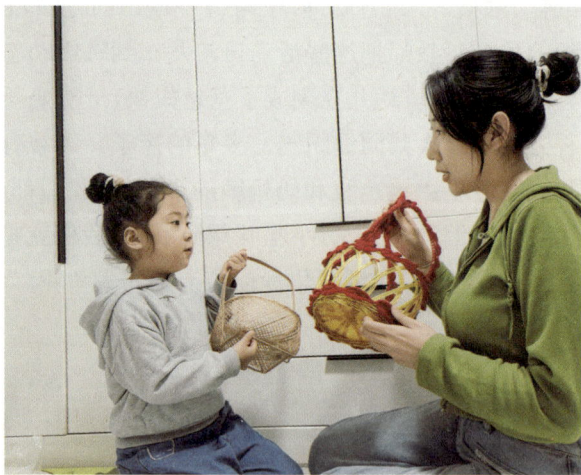

图 5-62　幼儿与妈妈诵童谣《编果篮》

图 5-63　幼儿与家人带篮子逛菜市场

图 5-64　幼儿与家人用篮子装蔬菜

图 5-65 幼儿与家人用篮子收纳、装饰温馨小家

（四）对话手工艺人，致敬传承创新

中国非物质文化遗产是中华民族智慧与文明的结晶，花篮编织的传承和发展离不开传统手工艺人的努力和执着。随着对编织花篮的一步步探究，深入了解，幼儿渴望更加近距离地走进花篮编织，亲身感受手工艺人的高超技艺。《3～6岁儿童学习与发展指南》指出："带幼儿观看或共同参与传统民间艺术和地方民俗文化活动。"由此，邀请社区中花篮编织的手工非遗传承人来到幼儿中间，与幼儿进行面对面的交流和展示。听一听，手工艺人讲述自己与花篮编织的故事；看一看，手工艺人大展身手编花篮；问一问，

图 5-66 幼儿对话手工艺人

手工艺人解开了心中所有的小疑问:做一做,和手工艺人一起动手编织花篮。轻巧灵活的手指,上下游走的藤线,在花篮编织的手工非遗传承人的手下欢乐地交织在一起,一个个精致美丽的花篮在幼儿的眼前跃然呈现。幼儿直观感受非遗文化的魅力,激发了幼儿对传统文化的兴趣和尊重,同时体会非遗传承人的艰辛与坚持,激发幼儿的民族自豪感和传承意识。

三、活动特点及价值

❶ 进一步挖掘社区资源,综合利用

参观篮子市场、邀请社区篮子手工艺人面对面交流互动,开展教育和宣传活动。让幼儿进一步直观感受非遗文化的魅力,了解篮子编织的历史、起源、发展和影响,欣赏不同篮子的造型、种类和特点。感受非遗传承人的专注和坚持,激发对非遗传承人的敬意和对传统文化的兴趣和尊重,培养幼儿的民族自豪感和传承意识。

❷ 家长履行各自责任,做好亲情关爱和陪伴

通过家长与幼儿一起编织篮子,家长了解幼儿在主题活动中所学编织知识,助力幼儿编织技能,共享亲子好时光。家长和幼儿一起玩有关篮子体育游戏,诵读有关篮子的经典童谣,增进家长和幼儿之间亲密关系,体验融融亲情所带来的幸福快乐。指导幼儿在生活中巧用篮子,采摘丰收的瓜果蔬菜,收纳玩具图书,装扮温馨的家园,让幼儿充分感受篮子与生活的紧密关系,体验篮子给生活带来的便利与美好。

❸ 进一步完善教师的指导作用

家园沟通及时有效,理念传递,唤醒责任意识,行动引领,深化实践行动。教师倾听家长和幼儿的需要和期望,制订出充分结合幼儿实际情况、科学合理且具有针对性的活动计划,幼儿园积极引导家、社层面共同参与,实现家、园、社三方协同育人。

❹ 存在问题

存在的问题主要是家、园、社协同过程中沟通互动内容表浅化,家长缺乏真正深入的互动交流和具体探讨,也没有有效的跟进措施和反馈。家园社协同活动缺乏长期规划和连贯性,没有形成稳定持续的教育影响力。

努力方向:家庭要积极提供具有亲情关爱和浓郁传统文化教育的生活环境,幼儿园要充分贡献专业的知识和完备的教育环境,社会和社区要给予丰富的实践机会和广阔多元的传统文化支持。通过将这些资源进行有机整合,为幼儿精心打造出全方位、多元化且有利于传统文化传承的优良环境,守护我们宝贵的非物质文化遗产,守护儿童。

编织梦想，传承记忆

——青岛纺织谷的探索之旅

一、活动背景

随着社会的发展，传统手工艺的传承和创新越来越受到重视。编织作为一种古老而富有魅力的手工艺，不仅能够培养幼儿的动手能力和创造力，还能让他们了解历史文化和劳动人民的智慧。幼儿在幼儿园里体验到了各色的编织手工艺品，不停地询问老师："老师，我们能在青岛寻找编织作品吗？""当然可以啦！""青岛哪个地方编织作品最为丰富呢？"幼儿纷纷查阅资料，经过探索交流后发现，青岛有个纺织谷，那里有着专门的编织艺术展，在尊重幼儿兴趣的前提下，我们开展了"编织梦想，传承技艺"的主题活动。经过实地了解及家园沟通，发现家长们都有意愿带领幼儿一同感受青岛纺织谷。《3～6岁儿童学习与发展指南》指出，"幼儿的学习是以直接经验为基础的，在游戏和日常生活中进行的，要珍视游戏和生活的独特价值，创设丰富的教育环境，最大限度地支持和满足幼儿通过直接感知、实际操作和亲身体验获取经验的需要"。于是我们旨在通过家园社协同育人的方式，让孩子们在参观青岛纺织谷的过程中，深入了解编织的历史、文化和技艺，感受传统手工艺的魅力。

二、活动内容与过程实录

（一）关于青岛纺织谷——我想知道

嘟嘟询问："青岛纺织谷是哪里啊？是做什么的呢？"很多幼儿都没办法回答这个问题，这时我们才知道，原来幼儿对于青岛纺织谷的了解都不是很多。"我们可以回家搜集一下资料，多了解一下这个地方"，木子的话给了小朋友们思路，于是孩子们约好，利用周末的时间回家搜集资料、了解青岛纺织谷。

当假期结束再次来到幼儿园，幼儿都带着自己的小小调查表，与伙伴们交流着自己的发现。随后，教师也通过互联网、图书馆和相关的旅游指南，带领幼儿一同了解了青岛纺织谷的历史背景、发展历程和现状。原来啊，青岛纺织谷是在原国棉五厂旧址上改造而成，保留了大量的纺织工业遗迹和历史建筑，是国内首家纺织主题的产业园区。

我们还惊喜地发现青岛纺织谷里有一个编织艺术展，里面包含着很多的编织手工艺品，幼儿看到了都特别喜欢，希望可以通过亲身的参观，感受编织别样的美。

图 5-67　幼儿与教师了解纺织谷

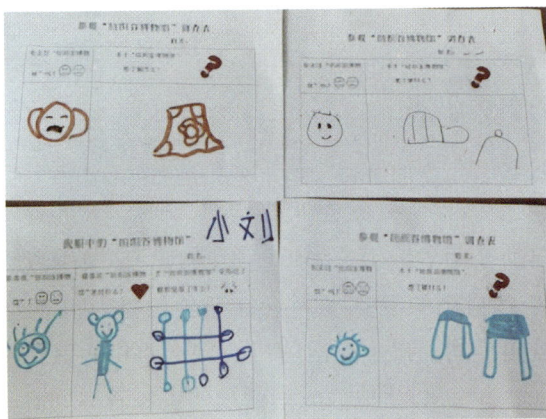

图 5-68　编织调查表

　　教师思考:幼儿对编织内容很感兴趣,教师及时捕捉并共同探索发现了青岛纺织谷,将幼儿这一兴趣继续延伸。同时,为最大限度开展活动,结合家长资源共同参观。不仅丰富了活动资源,也会增进亲子关系。充分利用家庭资源能为教育活动增添更多活力。

(二)关于编织艺术展——我想做什么

　　当看到编织艺术展多样的艺术作品后,幼儿纷纷交流着自己想要参观的内容,多多说"编织作品的颜色好好看,我想多去看看编织的多样色彩",甜宝说:"这里的编织作品都好特别啊,我想去参观。"幼儿根据自己在图片中了解到的关于编织艺术展的内容,将自己想要参观的纺织谷路线图绘制了出来,他们想要根据路线图参观。

　　小特边制作边兴致昂扬地表达着自己的期待:"我好想先去纺织谷操作间看看那些五颜六色的线是怎么变成漂亮的布的。""我想先去摸一摸哪些古老的纺织机器！"啾啾挥舞着小手仿佛已经置身于纺织谷中。"我想在纺织谷学习编织,给自己编一个小包,送给妈妈。"甜宝开心地表达着自己的想法。每一个路线图的背后都有着幼儿独特的想法,他们将带着这份独特的路线图开启纺织谷之旅。

当然,幼儿的很多新奇想法也需要实践的考量,很多幼儿提到的"编织展厅",经过了解我们才知道纺织谷并没有。

图 5-69　幼儿制定路线图

教师思考:在询问幼儿关于编织艺术馆的想法这一环节中,幼儿的积极回应让我深感惊喜。他们大胆地表达自己的愿望,展现出丰富的想象力和创造力。制作独特路线图并依此参观的方式,给予了幼儿自主探索的机会。这让我认识到,在活动中应更多地倾听幼儿的声音,尊重他们的想法,让他们成为活动的主导者。同时,这种方式也培养了幼儿的规划能力和执行力。在未来的活动中,可进一步鼓励幼儿自主设计活动,提升他们的综合能力。

(三)探索实践——参观纺织谷博物馆

活动当天,阳光明媚,幼儿兴奋地早早地来到青岛纺织谷。到达纺织谷后,幼儿根据个人设定的路线图,有的首先参观纺织谷博物馆。博物馆里陈列着各种古老的纺织机器和工具,以及反映青岛纺织业发展历程的图片和实物。导游生动地讲解着每一件展品的历史和故事,幼儿听得津津有味,不时地提出问题。

有的幼儿先来到了纺织车间。现代化的纺织生产线让他们大开眼界,机器的轰鸣声和工人忙碌的身影让他们感受到了纺织业的繁荣。在与纺织工人的交流中,幼儿了解到了纺织工作的辛苦和不易,对劳动人民的敬意油然而生。

最后我们在编织艺术展集合。幼儿近身参观了美丽的编织作品。在编织工作室,专业的编织师傅为幼儿带来了一场精彩的编织技艺讲座。师傅们耐心地讲解着编织的基本方法和技巧,并亲手示范。幼儿聚精会神地看着,跃跃欲试。在家长和教师的帮助下,幼儿纷纷拿起编织工具,开始尝试编织。有的幼儿编织手链,有的幼儿编织围巾,虽然手法还很生疏,但他们的认真劲儿让人感动。

创意编织活动环节,幼儿充分发挥了自己的想象力和创造力。他们用彩色的编织材料,制作出了各种形状各异、富有创意的作品,如花朵、小动物、小房子等。看着自己亲手制作的作品,幼儿的脸上洋溢着自豪和喜悦的笑容。

作品展示与分享环节,幼儿勇敢地走上舞台,展示自己的编织作品,并讲述了创作的过程和感受。家长和教师们纷纷为幼儿鼓掌点赞,现场气氛热烈而温馨。孩子们在参观完纺织谷之后,都特别兴奋,因为路线不同,幼儿也感受到了别样的编织魅力,于是再返回到幼儿园时,将自己的所见表征下来,并与幼儿进行了分享。

图 5-70 幼儿分享交流

图 5-71 幼儿的发现

教师思考:幼儿在纺织谷博物馆的探索时间里,收获满满。他们不仅看到了纺织车间,领略了传统工艺的魅力,还欣赏了不同的艺术展,拓宽了艺术视野。创意编织活动更是激发了他们的创造力和动手能力。回到幼儿园分享作品的环节,增强了幼儿的表达能力和自信心。这一活动让我深刻认识到,实地参观和实践活动对幼儿的成长至关重要。它能让幼儿在真实的环境中学习,激发他们的各种潜能。应多为孩子们提供这样的机会,让他们在探索中成长。

三、活动的特点及价值

纺织文化作为我国传统文化的一部分,蕴含着丰富的智慧和技艺。在参观过程中,幼儿亲眼看见了传统纺织工具和工艺流程,这有助于他们直观地感受传统文化的魅力。通过观察、倾听讲解,幼儿初步了解了纺织在历史长河中的发展与变迁,激发了他们对传统文化的好奇心和探索欲。这一活动也培养了幼儿对劳动的尊重,让他们明白传统技艺背后是无数劳动者的辛勤付出。同时,对于传统文化的传承意识也在幼儿心中悄然生根。这种身临其境的体验式学习,符合 3～6 岁儿童的认知特点,能够为他们日后进一步学习和传承传统文化奠定基础。

(一)孩子们的成长

参观纺织谷使幼儿显著成长。通过这次活动,幼儿不仅了解了青岛纺织谷的历史和文化,学习了编织的基本知识和技艺,还了解了纺织在日常生活中的重要性。这种亲身体验式的学习方式,以其特有的生动性趣味性,深受幼儿喜爱。

幼儿感受到了传统手工艺的魅力,增强了对传统文化的认同感和自豪感,激发了他们的爱国情怀和民族自豪感。同时,他们也更加珍惜现在的美好生活,懂得了劳动的价值和意义。

此外,孩子们的观察力、思考力和表达能力也得到了锻炼。在参观过程中,他们仔细观察各种展品,提出自己的疑问和想法,并与同伴和老师进行交流。这种积极主动的学习态度,将对他们今后的学习和生活产生深远的影响。

(二)家长的反馈

活动结束后,家长们对活动给予了高度评价。他们认为,这次活动不仅让幼儿学到了知识,还增进了亲子关系。

许多家长表示,这次活动让幼儿开阔了视野,增长了见识。他们看到幼儿在活动中表现出的浓厚兴趣和积极参与的态度,感到非常欣慰。通过这次活动,幼儿不仅学到了知识,还培养了团队合作精神和社交能力,这对他们的成长非常重要。

家长们也认为,这样的活动丰富了幼儿的生活,让他们在轻松愉快的氛围中学习和成长。同时,家长们也希望学校能多组织类似的活动,让幼儿有更多的机会接触社会、了解历史和文化。

家长们纷纷表示,今后将更加积极地参与家园社协同育人活动,共同为幼儿的成长创造良好的环境。

(三)教师反思

通过这次参观纺织谷的活动,我们也进行了深刻的反思。

在活动策划方面,我们需要更加充分地考虑幼儿的年龄特点和兴趣爱好,设计更加丰富多彩的活动内容和形式,以提高幼儿的参与度和学习效果。

在教学方法上,我们要更加注重引导幼儿自主学习和探究,培养他们的观察力、思考力和表达能力。同时,我们也要加强与家长的沟通与合作,共同关注幼儿的成长和发展。

在活动组织方面,我们要进一步提高安全意识,确保幼儿的人身安全。同时,也要加强对活动的管理和监督,保证活动的顺利进行。

这次参观纺织谷的活动是一次非常有意义的实践活动。我们将总结经验教训,不断改进和完善活动方案,为孩子们提供更多更好的学习和成长机会。